DEMEURE

FRANÇOIS-XAVIER BELLAMY

DEMEURE

Pour échapper à l'ère du mouvement perpétuel

BERNARD GRASSET
PARIS

Photo de la bande : JF Paga.

ISBN : 978-2-246-81558-7

Introduction

La nuit tombe sur La Marsa. Sur les pistes, le bruit des moteurs s'est éteint. Le mouvement incessant des avions a laissé place pour quelques heures à une éphémère tranquillité. En cet été 1943, le danger s'est éloigné des côtes tunisiennes, qui viennent d'être libérées après d'intenses combats contre les forces de l'Axe. Américains, Anglais et Français ont pris le dessus sur les troupes de l'Afrikakorps et les régiments italiens. L'aérodrome d'El Aouïna, durement frappé quelques semaines plus tôt par les bombardements, est devenu une base de départ pour les raids et les vols de reconnaissance vers l'Italie ou la France. La guerre dure encore, sans doute pour longtemps, et les pilotes cantonnés à La Marsa partent chaque jour tutoyer la mort. Mais la ligne de front s'est déplacée, l'ennemi semble loin, et quand vient l'heure de la relâche on peut désormais s'installer dans l'illusoire sécurité de l'arrière. Dans la pénombre qui gagne, on n'entend plus que la musique étouffée d'un poste de radio qui grésille dans un baraquement, et le vent qui apporte, avec un peu de fraîcheur, la sourde vibration de la ville, les échos de Tunis toute proche. Quelques hommes se détendent, jouent aux cartes ; la plupart dorment. L'un d'entre eux veille.

Le commandant Antoine de Saint-Exupéry partage sa chambrée avec deux militaires américains. Il est beaucoup plus âgé qu'eux, beaucoup trop âgé d'ailleurs pour voler encore. Il vient d'avoir 43 ans, ce qui est bien au-delà des limites fixées pour les pilotes, exposés à des missions de guerre, à des vols en haute altitude, sur des avions qui mettent à rude épreuve les organismes même les plus robustes. Et robuste, Saint-Ex ne l'est guère : « Mon état physique, écrit-il en juin 1943 au docteur Pélissier, me rend tout difficile comme une ascension de l'Himalaya[1]. » Mais ce qu'il confie à un vieil ami, il se garde bien de l'avouer à ses camarades et surtout à la hiérarchie militaire. Il a fait le siège des plus hautes autorités pour avoir le droit de reprendre du service. À force de persévérance, il a fini par obtenir la dérogation improbable et tant espérée, et le voilà de nouveau parmi les pilotes du Groupe 2/33, ce groupe que le monde entier a découvert en lisant *Pilote de guerre*.

« Il importe d'abord de prendre en charge », y écrivait Saint-Ex. « Chacun est responsable de tous. Chacun est seul responsable. Chacun est seul responsable de tous. » Ce sentiment de responsabilité a poussé l'aviateur écrivain qui avait, de son propre aveu, « toutes les raisons

1. Lettre au docteur Pélissier, 8 juin 1943, *in Écrits de guerre*, *Œuvres complètes*, II, Gallimard, Bibliothèque de la Pléiade, 1999.

de rester et dix mobiles de réforme », à quitter son exil américain et à multiplier les démarches pour obtenir le droit de prendre sa part de l'épreuve. « Je ne pars pas pour mourir. Je pars pour souffrir et ainsi communier avec les miens[1]. »

Cette communion, il l'a voulue, contre tous les règlements, contre toute prudence, contre les conseils inquiets de ses amis ; le droit de risquer sa vie pour son pays occupé, il l'a sollicité, réclamé, négocié même, par tous les moyens possibles. Il l'a finalement obtenu. Le voilà sur cette base militaire américaine où le Groupe 2/33 vient de s'installer. Le voilà de nouveau presque chaque jour dans le ciel. Pourtant, Saint-Ex n'est pas heureux. La fatigue physique, la complexité du vol sur ces nouveaux avions qui ne lui seront jamais familiers, la rudesse de la vie militaire dont il s'était déshabitué, tout cela pèse sur son moral, bien sûr. Mais en ce soir de juillet 1943, il y a dans la tristesse de Saint-Ex quelque chose d'autre, autre chose que cette lassitude ou que ces difficultés dont il ne cesse de se plaindre. Il y a dans le regard de l'écrivain une inquiétude nouvelle, qui se formule peu à peu. Un pressentiment. Une angoisse.

C'est cette angoisse qu'il couche sur le papier – puisque « l'homme n'est guère capable de ressentir que ce qu'il est capable de formuler[2] », ce par quoi il est clair que les mots sont nécessaires à notre vie intérieure. Ces mots, Saint-Ex les note, de son écriture presque illisible, à la

1. Lettre à Consuelo, avril 1943, *in Écrits de guerre*, *op. cit.*
2. « La morale de la pente », *ibid.*

faveur d'une mauvaise lampe. Ses deux compagnons de chambrée dorment déjà, écrasés de fatigue. Il écrit.

La lettre qu'il rédige ce soir-là sera retrouvée, un an plus tard, dans ses papiers. Il ne l'a jamais envoyée. À qui était-elle destinée ? Mystère… Saint-Ex s'adresse à un général, peut-être Béthouart, ou Chambe, dont il était proche. Aucun indice n'ayant pu permettre d'identifier avec certitude ce destinataire, le courrier sera publié sous le titre de « Lettre au général X »[1]. Peut-être est-ce mieux ainsi : de ce général inconnu, chacun peut prendre la place.

Il faut lire et relire cette lettre, qui éclaire avec tant d'acuité les questions de notre temps. Elle commence pourtant, simplement, par l'évocation de la routine à laquelle le commandant de Saint-Exupéry se consacre désormais : « Je viens de faire quelques vols sur P-38. C'est une belle machine. » Une belle machine, bien plus rapide que les vieux Bréguet sur lesquels volaient les hommes de l'Aéropostale au-dessus des déserts et des océans… La vitesse avait enivré le jeune pilote dans ces expéditions périlleuses, au point qu'il avait failli laisser la vie dans un raid Paris-Saigon entrepris pour l'aventure. Mais vingt ans plus tard, cette passion pour la vitesse apparaît dans sa vacuité.

Ceci est peut-être mélancolique, mais peut-être bien ne l'est pas. C'est sans doute quand j'avais vingt ans que je me trompais. En octobre 1940, de retour d'Afrique du Nord où le Groupe 2-33 avait émigré, ma voiture étant remisée, exsangue,

1. Les citations qui suivent sont extraites de ce texte publié dans les *Écrits guerre*, *op. cit.*

dans quelque garage poussiéreux, j'ai découvert la carriole et le cheval. Par elle, l'herbe des chemins. Les moutons et les oliviers. Ces oliviers avaient un autre rôle que celui de battre la mesure derrière les vitres à cent trente kilomètres à l'heure. Ils se montraient dans leur rythme vrai qui est de lentement fabriquer des olives. Les moutons n'avaient pas pour fin exclusive de faire tomber la moyenne. Ils redevenaient vivants. Ils faisaient de vraies crottes et fabriquaient de la vraie laine. Et l'herbe aussi avait un sens puisqu'ils la broutaient.

Et je me suis senti revivre dans ce seul coin du monde où la poussière soit parfumée (je suis injuste, elle l'est en Grèce aussi comme en Provence). Et il m'a semblé que, durant toute ma vie, j'avais été un imbécile...

De cette mélancolie, Saint-Ex tire, dans quelques pages tristes et lumineuses, une méditation infiniment profonde sur cette fascination adolescente pour la vitesse. Fascination destructrice, puisqu'elle nous fait perdre le monde, le sens et l'expérience de la consistance du réel – de ces oliviers et de ces moutons dont la réalité charnelle ne peut nous être rendue que dans leur rythme propre, dans la durée de leur patiente fécondité.

Fascination destructrice et pourtant commune, au point qu'elle pourrait être décrite comme le trait caractéristique des temps modernes. Être plus rapide. Changer. S'adapter. Innover. Toujours plus, et toujours plus vite. Le but du changement est moins important que le fait de se transformer. La destination importe moins que le fait même de voyager. Vivre suppose de bouger. La nouveauté est un bien en soi. Ce qui compte, c'est d'être « disruptif », qu'importe l'objet de la rupture. Être en mouvement est la vertu du moment : être dynamique, littéralement. Être mobile, souple, flexible. Il faut suivre les mises à jour. Dans un monde en pleine mutation, celui qui ne change pas se condamne : ne pas rompre avec ce qui nous précède, c'est choisir d'appartenir au passé, et finalement se laisser ranger du côté de la mort.

Mais si la mort ne se trouvait pas plus sûrement au milieu d'une vie aspirée par les machines qui nous entourent, comme autant d'auxiliaires de cette accélération du monde, qui finissent par nous plier à leur rythme ?

> Deux milliards d'hommes n'entendent plus que le robot, ne comprennent plus que le robot, se font robots.

Étonnant pressentiment de Saint-Ex. Les robots que nous avons construits ont envahi nos vies, au point que ce sont eux qui nous mènent, plus que nous ne les conduisons. En nous non plus, rien ne peut désormais rester en l'état. Pour suivre la marche forcée du progrès, tout doit être amélioré, jusqu'à l'homme lui-même. Les opportunités de la technologie ne sont pas seulement en option : elles exigent d'être saisies. Être toujours mobile suppose de savoir s'adapter.

Il faut donc se mettre à la page. Être moderne est un impératif ; prendre le risque d'être dépassé est la seule faute irréparable. L'important n'est pas de savoir où nous allons, mais d'aller, résolument. Et de ne pas regarder en arrière : tout point de départ a pour destin d'être oublié.

Ainsi Saint-Exupéry s'étonne de ces jeunes soldats américains « venus d'au-delà des mers » pour faire la guerre, risquer la mort – et qui pourtant « ne connaissent pas la nostalgie ».

Les liens d'amour qui nouent l'homme d'aujourd'hui aux êtres comme aux choses sont si peu tendus, si peu denses que l'homme ne sent plus l'absence comme autrefois. C'est le mot terrible de cette histoire juive : « Tu vas donc là-bas ? Comme tu seras loin ! – Loin d'où ? » Le « où » qu'ils ont quitté n'était plus guère qu'un vaste faisceau d'habitudes. En cette époque de divorce, on divorce avec la même facilité d'avec les choses. Les frigidaires sont interchangeables. Et la maison aussi si elle n'est qu'un assemblage. Et la femme. Et la religion. Et le parti. On ne peut même pas être infidèle : à quoi serait-on infidèle ? Loin d'où et infidèle à quoi ? Désert de l'homme.

Dans le monde du mouvement, des « transports » et de la vitesse, rien n'est jamais vraiment lointain. Par conséquent, de quoi serait-on nostalgique ? Quand toute distance semble abolie, que reste-t-il des proximités particulières qui tissaient nos univers familiers ?

En écrivant ces lignes, Saint-Exupéry pensait sans doute à cette « terre des hommes » qu'il avait longuement parcourue dans son avion, comme un laboureur qui repasse sur chaque sillon. Il pensait à ces lieux habités par tant de souvenirs, au tressaillement éprouvé lorsque, de retour de son exil américain, il avait pu survoler pour la première fois le territoire de la France métropolitaine. À cette sensation presque charnelle, malgré la distance entre la terre et le ciel, l'impression de partager la souffrance de ceux que la guerre avait piégés là, dans les deuils, l'oppression, les privations. La raison pure fait l'homme « citoyen du monde », mais nous ne sommes pas pure raison. Et quelques semaines plus tard, l'auteur du *Petit Prince* prendra un risque déraisonnable en faisant un long détour en territoire ennemi pour aller simplement constater, le cœur serré, la destruction de la maison de sa sœur, Agay – « ce paradis où même la poussière est parfumée ». Agay où Saint-Exupéry avait épousé Consuelo, et où restaient tant d'images de la vie de famille, Agay n'était « interchangeable » avec aucune autre maison : en rasant ce vieux château, les Allemands avaient détruit quelque chose qui ne se reconstruit pas. « On ne se crée point de vieux camarades », écrivait Saint-Exupéry dans *Pilote de guerre*. On ne s'invente point de vieille maison de famille. On trouve à se reloger, peut-être ; mais ce qu'il faut de temps pour qu'un logement devienne demeure, cela, rien ne le remplace…

La crise du logement se résout avec des chiffres ; c'est un problème comptable. Mais quand la demeure est menacée, plane le risque de l'irréparable.

Voilà l'inquiétude qui, en ce soir de 1943, étreint le cœur de Saint-Ex. Ce ne sont pas les réalités matérielles qui sont en jeu, mais ce qui les relie, et ce qui nous lie à elles ; ce qui rend le monde humain quand nous l'avons assez habité pour pouvoir l'apprivoiser.

> Autant que des êtres, je parle des coutumes, des intonations irremplaçables, d'une certaine lumière spirituelle. Du déjeuner dans la ferme provençale sous les oliviers, mais aussi de Haendel. Les choses, je m'en fous, qui subsisteront. Ce qui

vaut, c'est certain arrangement des choses. La civilisation est un bien invisible puisqu'elle porte non sur les choses, mais sur les invisibles liens qui les nouent l'une à l'autre, ainsi et non autrement.

Ces « invisibles liens », voilà ce que fragilise la civilisation du mouvement – ou plus exactement, l'obsession du mouvement, qui est comme une révolte contre les liens lentement tissés qui font une civilisation. Ce qui est en danger, ce ne sont pas les réalités extérieures, pensait l'écrivain. Comment aurait-il pu imaginer que la nature même finisse par être menacée ? Peut-être percevait-il de son baraquement l'éternel murmure de la mer, indifférente comme au premier jour ; comment aurait-il pu imaginer l'accélération toute proche de notre mouvement vers la croissance, du déplacement à grande échelle d'un monde de marchandises, qui allait mettre en danger « les choses » mêmes, l'existence de ces réalités qui pouvaient paraître intangibles ?

Ce que Saint-Exupéry savait déjà en danger, c'est d'abord un certain équilibre intérieur de la conscience, qui est la condition pour que ces réalités extérieures forment autour de nous un monde – pour que nous en fassions l'occasion d'un monde humain, d'une liberté, d'une vie véritable. Pour que naisse un monde, tout simplement, c'est-à-dire quelque chose de plus qu'une addition d'objets : un lien durable qui donne sens à ce qui est. Pour que notre existence ne soit pas seulement préoccupation matérielle utilisant les choses, mais vie d'un esprit habitant un monde, présent à ce monde. Pour cela, encore faut-il de la durée. « Il y a de la beauté dans le mouvement de la conquête, mais aussi dans l'immobilité, la stabilité du patrimoine, cette coutume lente qui s'appelle la religion et fait peu à peu la couleur des choses. (…) Il faut du repos pour faire l'âme, et le sermon sur la montagne s'écoule à travers les siècles. Et la mobilité n'est qu'absence. » À ces quelques lignes de « La morale de la pente », Saint-Ex donne un fondement plus essentiel dans sa lettre : au général inconnu à qui il écrit, il signale cet immense défi.

> Il n'y a qu'un problème, un seul : redécouvrir qu'il est une vie de l'esprit plus haute encore que la vie de l'intelligence, la seule qui satisfasse l'homme. Ça déborde le problème de la vie religieuse qui n'en est qu'une forme (bien que peut-être la vie de l'esprit conduise à l'autre nécessairement). Et la vie de l'esprit commence là où un être « *un* » est conçu au-dessus des matériaux qui le composent.

La modernité, pour libérer le mouvement et permettre le progrès, s'est définie par un effort de déconstruction. Nous avons voulu défaire nos liens, ne regarder le monde que comme une juxtaposition d'objets manipulables et transformables. Ne considérer le réel qu'avec notre intelligence, pour nous en rendre à la fin « comme maîtres et possesseurs. » Ainsi le voulait Descartes, le grand penseur de la modernité. Le projet est presque arrivé à son terme.

Pourtant le cartésianisme, écrit Saint-Ex, « ne nous a guère réussi ». Car le monde n'est pas un simple réservoir de matériaux déplaçables. La nature n'est pas un stock de ressources consommables. Un organisme vivant n'est pas une somme d'organes. Un peuple est plus qu'une addition d'individus. Pour que tout cela soit, il faut qu'un lien existe et demeure : et ce lien n'est pas disponible, modifiable, remplaçable. La maison est plus que l'addition des pierres qui la composent ; elle est plus que ce que l'intelligence peut en calculer. Connaître la maison suppose, non d'en mesurer le détail, mais d'aimer ce qui la fonde, et ce qui dure en elle.

L'amour de la maison est déjà de la vie de l'esprit.

Nous sommes devenus redoutablement intelligents, capables de manipuler presque tout dans le réel, capables de tout faire, défaire et refaire, de presque tout produire,
[illegible] pables de tout dépla-
us ne percevons plus
un conçu au-dessus
à quoi nous servira
le ?

ts à musique distribués
ien ?

x, à vrai dire… Au
pu imaginer que sa
ce conflit mondial.
i danger est au-delà
zisme, contre lequel
défaire le nazisme.
es figures de la lutte

antitotalitaire, Saint-Exupéry sait que se défaire du totalitarisme ne suffit pas à retrouver la paix et la liberté véritables.

> Certes, il est une première étape. Je ne puis supporter l'idée de verser des générations d'enfants français dans le ventre du Moloch allemand. La substance même est menacée. Mais, quand elle sera sauvée, alors se posera le problème fondamental qui est celui de notre temps. Qui est celui du sens de l'homme, et il n'est point proposé de réponse et j'ai l'impression de marcher vers les temps les plus noirs du monde.

Le problème fondamental, qui est celui du sens de l'homme. Du sens d'un « homme oscillant », happé par un mouvement permanent qui n'a d'autre but que lui-même. Qui marche sans orientation stable et, ne trouvant pas de sens à sa marche, avance vers « les temps les plus noirs du monde ».

Oh, bien sûr, on pourra trouver un tel pessimisme exagéré, déprimant, inutile. Et pourtant, cette « Lettre au général X », n'est-ce pas à chacun de nous qu'elle est aussi adressée ? Ne vient-elle pas dire clairement ce que nous ressentons confusément, pris dans une accélération sur laquelle nous avons l'impression de n'avoir plus aucune prise ? Saisis par le rythme du quotidien, et n'osant pas nous avouer que notre vie passe devant nous sans que nous parvenions à savoir vers quel but elle va, ni ce qu'elle construit de durable. Bien sûr, nous poursuivons notre existence en suivant les normes du moment, nous courons comme il faut pour nous adapter tant que nous en avons l'énergie, choisissant d'« ignorer notre propre inquiétude ». Et pourtant… À nous aussi, en ce « siècle de publicité », il arrive parfois de sentir le vide derrière les apparences ; et si nous acceptons de sonder l'époque, comme Nietzsche, « à coups de marteau », derrière les grandes idoles du progrès, nous nous trouvons bien souvent « vides de toute substance humaine ».

> Je hais mon époque de toutes mes forces. L'homme y meurt de soif.

Il est tard. Saint-Ex se rend compte que tout est éteint autour de lui, à part sa lampe qui éclaire encore la chambrée. Il ne faut pas déranger les camarades qui se sont déjà endormis. Peut-on achever une telle lettre ? Il ne reste qu'à l'interrompre. Elle ne sera pas envoyée. L'essentiel est sans doute ce qui ne s'y trouvait pas : non pas une tristesse, une mélancolie, une colère, mais simplement une réponse, encore inaboutie. En achevant sa grande œuvre, *Citadelle*, l'écrivain aurait peut-être trouvé ces mots qui lui manquaient encore, une réponse à la question qu'il répète, plusieurs fois, dans cette lettre d'inquiétude :

> Si je rentre vivant de ce job nécessaire et ingrat, il ne se posera pour moi qu'un problème : que peut-on, que faut-il dire aux hommes ?

Un an plus tard, Antoine de Saint-Exupéry disparaissait, aux commandes de son avion, au large des côtes sud de la France, en mission de reconnaissance. Peut-être venait-il d'apercevoir, à la faveur d'un nouveau détour indiscipliné, la maison de son enfance, La Mole, dans la lumière varoise. Celui qui était parti photographier les lignes de front, éclairait aussi par ses écrits la ligne de crête décisive qu'il allait falloir tenir. « Nous nous battons pour gagner une guerre qui se situe exactement à la frontière de l'empire intérieur[1]. »

À la frontière de l'empire intérieur : c'est là qu'il nous faut nous tenir, à travers ces quelques pages, si nous voulons tenter de combler ce silence, ou de l'habiter d'une réponse. Comment redonner sens au mouvement de nos vies ? Comment retrouver le sens de l'homme dans une orientation qui puisse échapper de nouveau à la fluctuation de toute chose ? Sans prétendre à des certitudes, nous voilà sommés de reprendre à notre compte l'impératif transmis au lecteur inconnu de cette lettre, à ce lecteur que désormais nous sommes…

Il faut absolument parler aux hommes.

1. « La morale de la pente », *op. cit.*

I

ORIGINE D'UNE CONTROVERSE

> « La civilisation est un bien invisible puisqu'elle porte non sur les choses, mais sur les invisibles liens qui les nouent l'une à l'autre, ainsi et non autrement[1]. »

1. Toutes les citations en exergue sont extraites de la « Lettre au général X » d'Antoine de Saint-Exupéry, citée en introduction.

Le camp de l'être

L'inquiétude que nous ressentons, le sentiment d'être devenu cet « homme oscillant » dont les évolutions ne trouvent plus de but ou de fin, cette crise que nous traversons collectivement, trouve sa source dans une généalogie très ancienne, celle de notre rapport à l'idée même de mouvement.

Faut-il choisir le parti du changement, ou celui de la stabilité ? Cette confrontation n'est pas nouvelle : elle nous fait remonter aux origines de la civilisation occidentale. Dans l'histoire de la raison européenne, la question du mouvement précède même l'apparition de la philosophie, puisqu'elle constitue une polémique majeure entre ces grands penseurs de la Grèce antique qu'on appelle les « présocratiques. » Nous sommes au IVe siècle avant Jésus-Christ : dans le *Théétète*, Platon propose un état des lieux de ce débat, qui dure déjà depuis longtemps.

Sa propre position, il l'a déjà exprimée dans de nombreuses œuvres : pour Platon, connaître le réel suppose de dépasser l'expérience quotidienne que nous avons des objets qui nous entourent. Ce que nous voyons ne suffit pas à nous donner le moindre savoir. Car les choses et les êtres que nous percevons ne cessent de changer, de varier, de se montrer à chaque instant différents de ce qu'ils étaient, d'apparaître et de disparaître. La matière se forme et se déforme, se dégrade, se disloque. Les vivants naissent, changent sans cesse, puis meurent. Dans le monde de la perception sensible, le mouvement fait que tout est sans cesse différent, et la pensée est constamment déroutée par le jeu des apparences. Pour chercher la vérité, il faut donc aller au-delà : il faut relier les choses qui changent à ce par quoi elles peuvent être connues. Connaître les abeilles suppose d'avoir une idée de ce qu'est une abeille ; et cette idée de l'abeille – qu'aucune abeille vivante n'incarne absolument –, elle, pour le coup, ne change jamais. Il faut bien qu'existe cet invariant qu'est « l'abeille en soi », sans quoi rien ne serait connu. S'il n'y avait pas une essence de l'abeille, comment donnerions-nous le même nom à ces réalités éparses dans notre expérience sensible ? Si l'idée de l'homme n'existe pas, invisible mais immuable, comment reconnaîtrait-on une commune humanité dans des individus si variés ? Et même en ma propre personne, s'il n'y avait pas quelque chose en elle qui demeure, comment serais-je le même aujourd'hui qu'hier, ou qu'il y a trente ans ? S'il fallait en croire mes yeux, je suis totalement différent – tout s'est transformé en moi. Mais il ne faut pas croire nos yeux : il y a en nous quelque chose de plus essentiel que ce qu'ils peuvent percevoir, et c'est par cela que la singularité de chacun d'entre nous échappe au flux, et peut être connue.

Pour Platon, le changement n'est qu'apparence : la

consistance du réel se trouve dans ce qui demeure identique à soi, dans ces « idées » qui forment la substance même de ce que sont les choses. C'est en conservant leur lien avec ces idées que les réalités sensibles sont ce qu'elles sont, malgré toutes les altérations que le devenir leur impose. La fleur naît, pousse, grandit, bourgeonne, éclôt, puis fane, sans cesser d'être ce qu'elle est, un reflet de cette essence commune qui, elle, ne change jamais. Et, alors que la fleur mourra, c'est cette essence qu'elle transmet en faisant germer d'autres pousses. Ce par quoi toutes les fleurs se ressemblent, et peuvent être connues comme étant d'une même espèce, c'est cette essence de la fleur qu'aucun œil n'observera en elle-même, mais dont la stabilité se laisse deviner derrière la ressemblance que présentent toutes ces plantes que nous voyons si rapidement naître, fleurir et mourir.

En cela, Platon est un héritier de Parménide, figure tutélaire de la pensée présocratique, auquel il a d'ailleurs consacré l'un de ses dialogues. De Parménide, nous n'avons gardé que quelques fragments, extraits de ce qui devait être une imposante œuvre poétique, intitulée *De la nature*. Sous la forme d'une révélation, d'un oracle, il fixe une exigence à la pensée, une forme de commandement répété, dont il faut encore recevoir la beauté même un peu obscure.

> Allons, je vais te dire – et toi, prête l'oreille à ma parole et garde-la bien en toi –
> quelles sont les seules voies de recherche, les seules que l'intelligence puisse concevoir :

l'une, que l'être est, que le non-être n'est pas,
chemin de la certitude, qui accompagne la vérité ;
l'autre, que l'être n'est pas, et que le non-être est forcément,
route où je te le dis, tu ne dois aucunement te laisser séduire[1].

Dès le Poème de Parménide, dans ce texte du Ve siècle, qui compte parmi les plus anciens de la civilisation européenne, on retrouve donc l'évocation de ce débat, d'un choix à faire entre deux voies : d'un côté, affirmer que l'être se transforme, que donc ce qui n'est pas peut très bien advenir. Que le non-être devient de l'être, et que l'être devient du néant – que tout se mêle, se confond, qu'aucune frontière ne peut imposer une distinction au torrent du mouvement. Mais alors il faut admettre que rien ne peut demeurer et être vraiment connu... L'intelligence, affirme Parménide, indique un autre chemin : celui qui consiste à reconnaître la stabilité de l'être, et à l'accepter pleinement. Dire que « l'être est, le non-être n'est pas », c'est la première exigence de la pensée logique. C'est aussi la condition pour que soit possible une parole sur ce qui est. Sans ce principe d'identité, la moindre affirmation serait immédiatement annulée par le renversement permanent de toute chose.

Il faut donc, commande Parménide, accepter la stabilité du réel, et l'épouser par la pensée. Malgré le mouvement que perçoivent nos sens, l'immobilité de l'être s'impose comme une évidence logique ; et « c'est une seule et

1. *In Pour l'histoire de la science hellène*, traduction Paul Tannery, Alcan, 1887.

même chose que l'on pense et qui est ». Chercher une vérité suppose d'affirmer que le mouvement n'est qu'une illusion ; suivre le mouvement, s'adapter à lui, c'est le propre de l'opinion, qui fluctue selon les apparences du moment. La pensée authentique, elle, cherche à sortir de l'instantané pour considérer ce qui ne se transforme pas, ce que les choses sont, en profondeur. L'opinion bavarde se retourne et se contredit sans cesse. La parole véritable, au contraire – le *logos* –, permet de rejoindre ce qui dans l'être est logique, identique à soi-même, stable. Voilà, conclut l'oracle parménidien, ce qui est juste, et ce qui doit lier notre pensée, comme l'être lui-même est lié – incapable de se mouvoir.

Parménide est l'une des grandes figures de l'école des éléates, qui s'attache à penser cette stabilité de l'être. Fidèle à cette intuition, son disciple Zénon d'Élée s'efforcera de défendre la perspective proposée par Parménide. Il mettra tout son talent de logicien à démontrer que le mouvement n'existe pas, en développant des arguments qui sont depuis largement passés à la postérité. Des siècles de philosophie ont travaillé sur les exemples qu'il avait proposés – la course d'Achille, le vol d'une flèche – pour commenter, réfuter ou simplement comprendre ces trajectoires qui pour Zénon sont nécessairement illusoires, puisque le mouvement est logiquement impossible.

Les « partisans du flux »

Platon fait partie, on l'a dit, des héritiers de Parménide. Cependant, dans le *Théétète*, il évoque ses contradicteurs, et signale l'importance des débats que la question du mouvement suscite.

> Il faut donc serrer la question de plus près, (...) et examiner cette mouvante réalité et frapper sur elle, pour savoir si elle rend un son plein ou fêlé. La bataille engagée sur elle n'est pas de peu d'importance et n'a pas mobilisé peu de combattants.

Il faut donc décrire les combattants, faire l'inventaire des forces en présence. Face au camp de l'être, il y a les « partisans du flux » : ceux qui affirment que la vie est du côté du mouvement, de la mobilité, du changement permanent. Chez ces « lutteurs » qui veulent imposer le règne du changement, on trouve bien des grands noms – Protagoras, Empédocle... Pour eux, rien n'est stable, tout se meut ; et tout ce qui vit doit se mouvoir sans jamais s'interrompre. Platon rapporte ainsi leurs arguments :

> La constitution du corps, n'est-ce pas le repos et l'inaction qui la détruisent, et les exercices et les mouvements qui lui assurent une longue durée ? Et, si l'on envisage l'état de l'âme, n'est-ce point par l'étude et par l'exercice, qui sont des mouvements, qu'elle acquiert les sciences, les conserve, et devient

meilleure, tandis que le repos, c'est-à-dire le défaut d'exercice et d'étude, l'empêche d'apprendre et lui fait oublier ce qu'elle a appris ?

Pour ces penseurs, le mouvement est ainsi, en lui-même, absolument bon, pour tout ce qui est et qui vit. De l'autre côté, l'immobilité apparaît comme le mal absolu… S'arrêter, c'est déjà mourir. Et Platon fait passer sous nos yeux le pire des dangers qui pouvaient inquiéter les Grecs, peuple de navigateurs : le risque d'être arrêté au milieu de la mer, encalminé dans le silence des éléments, sans plus pouvoir avancer… L'immobilité nous condamne à mourir sur place.

> Dois-je donc te dire les jours sans vent, les eaux étales et toutes les choses de ce genre, pour te prouver que le repos sous toutes ses formes pourrit et perd tout, tandis que le reste le conserve ?

Si s'arrêter, c'est mourir, c'est parce que vivre, c'est bouger : être, c'est être en mouvement. Tout ce qui est se meut, se déplace, se transforme. Le soubassement de cette pensée est proposé par Héraclite, dans son ouvrage intitulé également *Sur la nature*. Les quelques fragments qui nous en sont parvenus ont marqué l'histoire de la philosophie occidentale. On en retient généralement cette affirmation centrale : « Tout s'écoule », *panta rhei*. Toutes les choses se transforment continuellement. Toute réalité est comparable à un fleuve, qui n'est lui-même qu'en s'écoulant, en se renouvelant sans cesse. Et par conséquent, nous dit Héraclite, de la même manière qu'« on ne peut entrer deux fois dans le même fleuve », on ne retrouve jamais deux fois la même chose, ou le même être. Le temps altère et transforme tout, au point que celui que je suis aujourd'hui, un jour, ne sera plus – et demain, déjà, ne sera plus vraiment le même que ce qu'il était hier.

Le mouvement qui fait qu'aucun des états du réel ne dure jamais, n'est pas seulement un torrent ininterrompu : c'est aussi un chaos où chaque chose est vaincue par celle qui la suit, une lutte perpétuelle entre des contraires qui succèdent les uns aux autres. Dans le monde du changement continuel, il n'est pas de repos possible, pas de paix. À cet état de tension que rien ne peut interrompre, Héraclite donne un nom, *polémos.* Ce nom définit le réel : un conflit perpétuel, le chaos produit par un combat, qui n'est pas un accident mais la condition même de l'être. « Le combat est le père de toutes choses, et de toutes le roi. » Le changement continuel fait du réel un champ de bataille.

Comment alors penser ce réel ? Comment espérer connaître ces choses qui, sitôt qu'on les a pensées, sont déjà transformées ? Il ne reste finalement qu'à épouser ce mouvement, à renoncer à l'idée d'atteindre une vérité qui demeure, et à plonger résolument dans le flux omniprésent de la réalité sensible.

Celui qui propose la traduction épistémologique de l'héraclitéisme, c'est sans nul doute Protagoras. C'est lui d'ailleurs que Platon mentionne, dans le *Théétète*, comme son adversaire intellectuel. Il nous a rapporté en particulier cette citation de Protagoras, si souvent reprise :

> L'homme est la mesure de toutes choses : de celles qui sont, du fait qu'elles sont ; de celles qui ne sont pas, du fait qu'elles ne sont pas.

De cette affirmation, on a souvent fait une profession d'humanisme, une reconnaissance du caractère central de la conscience humaine. Mais ce n'est pas sa signification première : cette expression est plutôt une conséquence directe de la conception héraclitéenne du monde. Puisque tout est en mouvement, puisque tout ne cesse de changer, rien n'existe dans l'absolu. Ce que nous percevons est saisi dans un moment, dans un mouvement, dans la rencontre toujours instable que nous faisons avec une chose telle qu'elle se présente à nous en un instant donné. Qui jugera de ce qu'est cette chose ? Qui peut prétendre posséder une parole qui soit, en surplomb du flux permanent, capable de dire quoi que ce soit qui échappe à cette instabilité ?

Qu'est-ce que l'abeille, sinon cette abeille qui vole ici, maintenant, devant moi, et qui bientôt disparaîtra ? Qu'est-ce qu'une personne, sinon ce qu'elle me donne à voir, ici, maintenant ? Que puis-je connaître d'elle en dehors de ce que j'en perçois – et qui demain aura changé ?

En affirmant que « l'homme est la mesure de toutes choses », Protagoras nous conduit en fait à une forme d'individualisme radical de la connaissance : rien ne peut constituer pour moi une pierre de touche de la vérité. Par conséquent, ce qui est vrai, c'est seulement ce que je perçois maintenant comme tel ; quel critère stable et fixe pourrait venir juger de la vérité de ma perception ? Le réel ne se connaît que dans le mouvement qui l'anime, et dans la rencontre à chaque fois différente qui nous met à son contact. Telles sont les choses pour vous, mais autres sont-elles pour moi, et autres encore pour nous tous apparaîtront-elles demain.

Loin d'être une marque d'orgueil de la conscience humaine, le mot de Protagoras est en réalité un aveu d'échec : il déclare simplement l'impuissance du langage. Si tout est en mouvement perpétuel, si « tout s'écoule », alors le *logos* est incapable de dire quelque chose qui ait un sens universel, une signification susceptible d'échapper aux fluctuations du réel. Dès que j'ai prononcé un mot sur une chose, cette chose a déjà changé, et ainsi elle échappe infailliblement au discours par lequel je tentais de la décrire. Aussi ma parole ne décrit-elle jamais les choses telles qu'elles sont, mais seulement telles que je les perçois : chacun d'entre nous devient la seule mesure possible de la pertinence de son propre discours.

Mobilité et relativisme

En se plongeant dans ces époques si lointaines, on ne peut qu'être infiniment frappé de leur étonnante parenté avec nos débats les plus actuels. Ce que fonde Héraclite, ce que Protagoras annonce, c'est tout simplement ce que nous appelons aujourd'hui le relativisme – l'idée selon laquelle aucune vérité absolue n'est possible. Puisque tout change sans cesse, puisque n'existe aucune position de surplomb d'où nous pourrions distinguer une vérité absolue dans le flux des opinions, nous préférons affirmer qu'aucune pensée n'est vraie en soi, que chacune peut tout au plus être vraie pour moi maintenant.

Le combat dont parle Platon correspond à un moment de crise profonde dans la conscience grecque du monde. Certains de la centralité de leur langue, de l'unité nécessaire de la pensée et de l'être, les Grecs voient voler en éclats, avec la doctrine d'Héraclite, leur belle assurance dans la vérité du *logos* et dans sa capacité à dire l'essence même des choses. La parole ne dit plus rien qui puisse dépasser l'instant d'une perception fugace, ou s'élargir au-delà d'un point de vue particulier. Le dialogue semble impossible, comme lieu où se rencontreraient vraiment les opinions contradictoires. Nos idées ne peuvent plus se mesurer les unes aux autres, puisque chacune est seule mesure d'elle-même… Au sens littéral du terme, nous ne pouvons plus nous parler.

Il ne reste alors qu'à communiquer : c'est dans cette crise que prospère un autre usage de la langue – non plus orienté vers une vérité définitive qui ne nous appartiendrait pas, mais seulement vers l'intérêt individuel immédiat de celui qui parle. Protagoras est un sophiste, c'est-à-dire, paradoxalement, un expert du langage. Mais cette maîtrise des mots n'est plus destinée à servir la vérité : seule compte pour elle l'efficacité. Le sophiste se fait fort d'enseigner à qui l'écoute le meilleur usage de la langue : puisque la réalité fluctue sans cesse, il ne s'agit pas de tenter de la décrire pour produire une connaissance, mais d'épouser ce mouvement permanent pour en tirer avantage. Ce qui compte, ce n'est plus la vérité d'une parole : c'est la rentabilité d'un message ; avec le savoir du sophiste, avec sa maîtrise des mots, vous pouvez, non pas manifester la justice, mais gagner des procès, remporter des élections, conquérir ou garder le pouvoir... Dans le chaos des contingences politiques et sociales, le langage est une arme précieuse. Et puisqu'il est mesure de toute chose, il peut transformer, s'il est bien employé, tout ce dont on voudra parler.

C'est un autre sophiste, Gorgias, qui décrit le mieux cette nouvelle relation aux mots. Dans une sorte d'exercice de style ou de démonstration commerciale, Gorgias propose une expérience dont le but est de démontrer que tout peut être modifié, même le passé. Pour cela, il suffit de quelques mots bien placés. Le défi que Gorgias se lance à lui-même est simple : réhabiliter Hélène, dont l'inconséquence, face à la séduction de Pâris, est réputée coupable d'avoir déclenché la guerre de Troie. Hélène était innocente, affirme Gorgias : si elle a suivi Pâris, c'est que son langage l'a charmée. Il n'était ni vrai ni faux, il était simplement efficace ; comment aurait-elle résisté ? Hélène n'est donc pas coupable. Par cet exercice rhétorique emprunté à l'art de la plaidoirie, Gorgias montre la fascination des sophistes pour ce nouvel usage de la langue, ce nouveau pouvoir prêté aux mots, désormais déliés de la responsabilité de dire une réalité que rien ne lie, et qu'aucune pensée ne peut lire. Le langage ne dit pas l'être, il le transforme : « Le discours est un maître puissant, qui, sous des dehors les plus ténus, produit les œuvres les plus divines. » Dans le *Phèdre*, Platon résumera ainsi la fascination de Gorgias pour le langage : « Il peut rendre petit ce qui est grand et grand ce qui est petit » ; il peut rendre juste ce qui est injuste, et injuste ce qui est juste – et voilà Hélène innocentée, et la démonstration réussie.

En retirant à la parole toute possibilité d'une référence absolue, les « partisans du flux » suscitent une crise du langage, qui devient paradoxalement la condition d'un foisonnement inédit des mots. Dans le monde qu'ils dessinent, le langage est à la fois tout-puissant et impuissant – à la fois partout et nulle part. Il parle de tout sans aucune limite, mais sans aucun objet. On peut tout affirmer, quand plus rien ne veut rien dire. Et puisque le réel est en mutation constante, le langage doit servir, non à dire ce qui demeure, mais à diriger le changement selon le sens qui semblera nous être le plus favorable.

Puisque la maîtrise du langage se mesure à sa rentabilité, les sophistes se distinguent en se faisant rémunérer pour leur enseignement. Protagoras a été le premier à tirer un salaire des mots. Ce que Socrate considérait comme une forme de trahison, les sophistes le revendiquaient comme le nouvel étalon de leur réussite. L'efficacité se mesure, même celle des « éléments de langage » : si vous êtes capable de faire gagner à vos clients n'importe quel procès, n'importe quelle élection, cela sera établi par le fait qu'ils seront prêts à vous payer cher. Dans l'*Hippias majeur*, Platon ironise sur les sophistes, qui considèrent comme « une belle et grande preuve de science » le fait que leur savoir rapporte beaucoup d'argent. Si le réel n'est que mouvement, polémique et chaos, celui qui reste quelque part, à espérer contempler une vérité, fait figure de demeuré : ce qui compte, c'est de suivre l'air du temps, d'épouser les attentes de l'opinion fluctuante, de triompher dans les combats du moment, et bien sûr d'en tirer profit.

Dans notre fascination contemporaine pour le mouvement, nous vivons la même crise du langage, le même sentiment partagé qu'aucune parole ne peut atteindre une vérité absolue. Le relativisme contemporain empêche le dialogue : car tout dialogue authentique suppose ce lieu commun qu'est la vérité à atteindre, qui constitue l'horizon partagé par tous ceux qui prennent part à l'échange, quelle que soit la diversité de leurs convictions respectives. Puisque désormais la parole ne prétend plus à une vérité qui puisse demeurer la même indépendamment des points de vue et des inflexions passagères, alors le débat n'est plus qu'un combat où chacun cherche à imposer l'efficacité de ses répliques. La politique n'est plus qu'une juxtaposition d'individualités, de communautés, qui entrent en lutte pour faire prévaloir leurs intérêts. Aristote caractérise la démocratie comme un échange d'idées, une conversation partagée, pour mettre en commun l'idée du bien et du juste ; mais s'il n'y a pas de bien et de juste dont on puisse chercher une définition qui échappe à la variété des points de vue, alors cette variété est le dernier mot de la politique – et finalement ce qui retire aux mots leur sens même, ce par quoi ils pouvaient nous permettre de chercher vraiment avec l'autre quelque chose qui nous soit commun. C'est ce commun qui disparaît, et la cité avec lui. Le relativisme de Protagoras, en témoignant de cette défiance inédite des Grecs envers le langage, accompagne une crise majeure de la démocratie athénienne, qui rappelle à bien des égards celle que nous traversons aujourd'hui.

Polémos devient alors vraiment le père et le maître de toute vie politique, de toute activité intellectuelle. Jusqu'à ce que l'expérience démocratique ne soit plus possible, réduite à la guerre de tous contre tous – qui est l'exact inverse de la politique. Jusqu'à ce que la vie de l'esprit, elle aussi, soit presque impossible, puisqu'elle suppose comme condition cette ouverture à l'autre que la crise du langage empêche. Dans *Qu'est-ce que s'orienter dans la pensée ?*, Kant lancera cet avertissement sous forme de question :

> Penserions-nous beaucoup, et penserions-nous bien, si nous ne pensions pas pour ainsi dire en commun avec d'autres, qui nous font part de leurs pensées et auxquels nous communiquons les nôtres ? Aussi bien, l'on peut dire que cette puissance extérieure qui enlève aux hommes la liberté de communiquer publiquement leurs pensées, leur ôte également la liberté de penser – l'unique trésor qui nous reste encore [...][1].

Pour Kant, cela ne fait aucun doute : s'il nous est impossible de communiquer nos pensées, c'est-à-dire de les mettre en commun, il nous est également impossible

1. Kant, *Qu'est-ce que s'orienter dans les pensées ?*, traduction Alexis Philonenko, Vrin, 1979.

de penser. Mais il n'y a pas que la menace du tyran qui puisse nous priver de cet échange… Dans un univers où tout change, chaque homme est pour lui-même la mesure de toute chose, et cette solitude absolue, en nous retirant l'expérience du dialogue authentique, nous empêche par là même de penser, ou de bien penser.

On le voit, les traits de ce IVe siècle grec ressemblent étonnamment à ceux de notre monde occidental. La fascination pour le mouvement, le relativisme qu'elle suscite, engendrent la même crise du langage et de la politique. Mais cette crise du langage produit, simultanément, la même inflation de mots. Nous aussi, nous vivons le règne des « communicants », qui prétendent pouvoir « rendre petit ce qui est grand, et grand ce qui est petit ». Pour cela, il faut un langage qui puisse s'adapter à volonté, jusqu'à devenir une bulle, un univers fermé tourbillonnant sur lui-même. Il n'y a plus de réel à décrire : il suffit d'inventer si nécessaire quelques « faits alternatifs ». Tout se transforme. Tout s'écoule.

II

RÉVOLUTION

« Tu vas donc là-bas ? Comme tu seras loin !
– Loin d'où ? »

La solution aristotélicienne

À cette première querelle, une résolution est apportée, comme par miracle, par un élève de Platon : Aristote, esprit curieux de tout, ne partage pas la défiance de son maître à l'égard de l'expérience. Il n'est pas question pour lui d'affirmer, comme Zénon, que le mouvement n'existe pas, quand tout autour de nous semble prouver le contraire. Aristote se passionne pour la physique, pour l'étude du vivant, pour tout ce qui naît et croît, se déplace et se transforme ; comment pourrait-il en rester à ce déni de la mobilité ? Et cependant, pour le philosophe, tout n'est pas fait de mouvement : il est même absolument nécessaire, pour expliquer le mouvement, que quelque chose lui échappe.

C'est par là qu'Aristote vient apporter une solution à cette lutte irréconciliable entre les tenants de l'être et les « partisans du flux », entre les disciples de Parménide et ceux d'Héraclite. Avec le sens de l'équilibre qui caractérise sa méthode, Aristote trouve le point de passage entre ces visions si contradictoires. Oui, le mouvement existe, il anime partout la nature ; mais il n'a lieu qu'en direction d'un but qui, lui, est fixe et stable. Nous ne nous déplaçons que pour aller quelque part, et c'est ce quelque part où nous voulons demeurer qui donne un sens – une orientation et une signification – à notre déplacement. Dans la nature, tout ce qui change cherche à atteindre un état final de stabilité, qui est en soi le but du changement. Le devenir est polarisé par une fin ; et même si cette fin n'était jamais atteinte, ou définitivement achevée, elle seule peut expliquer la tension qui met une réalité en mouvement. Si la tige pousse, c'est pour devenir un arbre ; si l'étudiant apprend, c'est pour devenir savant.

Cette résolution aristotélicienne passe par un coup de génie métaphysique. Aristote identifie dans ce qui change quelque chose qui est en train de s'accomplir : un potentiel qui attend de devenir réalité. La tige est un arbre potentiel, et l'étudiant un potentiel savant. Cette potentialité, qu'Aristote appelle « puissance », c'est ce que le mouvement peut rendre effectif. Il faut la croissance du végétal pour que la tige devienne arbre. Il faut l'effort de l'apprentissage pour que l'étudiant devienne un savant réel, et non seulement un savant potentiel – un savant en acte, et non seulement un savant en puissance. Bien sûr, nous n'aurons jamais fini d'apprendre, et jamais personne ne pourra dire qu'il est enfin devenu absolument savant : toute notre vie sera traversée par ce mouvement perpétuel de la curiosité ; mais ce ne sera jamais qu'en vue de découvrir un savoir qui, en nous, puisse être acquis, stabilisé, conservé. On n'a pas besoin de réapprendre à chaque fois ce que l'on sait déjà : ce qui est connu, ce qui habite notre mémoire, peut être simplement contemplé, rappelé, reconnu, sans qu'on ait à le rechercher, dans un acte pur, sans mouvement.

Par cette distinction de la puissance et de l'acte, Aristote pense tout mouvement, y compris le déplacement dans l'espace. Comment comprendre la trajectoire des objets qui chutent, tombent, s'envolent, ou s'arrêtent ? À cette question, la *Physique* d'Aristote propose une réponse qui paraît étonnante à notre regard de modernes. Comme chaque chose tend vers un état d'accomplissement qui lui est propre, chaque chose, explique Aristote, a aussi dans l'univers son lieu naturel. Les corps lourds tendent vers le bas ; les corps légers, comme le feu, cherchent à aller vers le haut. Dans l'univers matériel, chaque objet cherche le lieu où il sera au repos. Ainsi, le mouvement dans l'espace est lui aussi polarisé vers un but fixe, immobile, et qui promet cette stabilité au corps qui l'aura rejoint.

Le monde d'Aristote est fait de diversités. Diversité des objets, dont chacun a son lieu propre au sein du cosmos ; et par conséquent, diversité des lieux, qui attirent ou repoussent les corps dans leurs déplacements. L'espace n'est pas neutre : il est polarisé par ces différences – le haut et le bas, le ciel et la terre, ne sauraient être confondus, mélangés, renversés. Aristote distingue, dans l'univers, deux espaces totalement différents : il y a, à partir de la Lune et au-dessus d'elle, le monde des astres qui prennent sereinement leur place dans le cosmos, en formant des cercles parfaits autour de la Terre, comme une sorte d'incarnation visible de l'éternité. Dans la Lune, Aristote contemple cette perfection, proche de nous et pourtant si lointaine. Car nous faisons partie d'un autre espace, le « monde sublunaire » : sous les astres, ici-bas, notre monde est marqué par l'imperfection, par la contingence, et rien n'y est parfaitement à sa place, parmi les aléas chaotiques de la matière. Mais une chose est sûre : dans cet espace accidenté qui fait notre univers familier, la fin du mouvement consiste pour chaque être à atteindre le lieu naturel singulier qui lui est propre, et à y demeurer en repos.

Il en va de même pour nous : la finalité de nos vies suppose que tous les changements par lesquels nous passons puissent nous permettre d'atteindre enfin une forme d'achèvement. C'est le sens de cet accomplissement qui forme la morale : le bien, c'est ce qui oriente le mouvement de nos vies, la direction de nos actions. Agir et penser de façon vertueuse, c'est réaliser en nous peu à peu ce que nous sommes, devenir plus humains, plus libres. Ce changement a bien une fin, un but fixe et déterminé, que l'on appelle le bonheur – et la morale est ce qui éclaire le chemin vers ce but. Il faut donc cheminer, agir, avancer pour le trouver. Mais une fois ce but atteint, même s'il ne le sera jamais que d'une manière imparfaite, le bonheur devrait ressembler à une forme de repos : être heureux, c'est en quelque sorte avoir atteint son « lieu naturel », et, simplement, l'habiter.

Ainsi le changement, sous toutes ses formes, se trouve expliqué par le but vers lequel il est animé. L'univers aristotélicien, aussi surprenant qu'il puisse paraître à la physique contemporaine, correspond à la cohérence de nos propres mouvements : lorsque nous nous déplaçons, c'est pour aller quelque part ; lorsque nous agissons, c'est pour faire de nos projets une réalité, pour transformer ce qui était simple potentiel en un accomplissement concret.

C'est ainsi que le mouvement trouve son sens et sa

place dans le monde : il existe, oui, et il n'est pas pure illusion, comme le pensait Parménide. Mais il n'est en fait qu'une transition entre deux états de stabilité, celui de la pure puissance et celui de l'acte pur. La croissance de la plante est un passage entre son inexistence et l'arbre ayant atteint la forme et les dimensions de sa maturité. L'apprentissage est le mouvement qui nous fait passer de l'ignorance totale à un savoir réel, acquis et maîtrisé. C'est ce passage entre deux fixités qui définit le changement, qui le rend possible et compréhensible ; un monde où tout serait en mouvement est en fait un monde où tout serait impensable, à commencer par le mouvement lui-même.

La fin d'un monde

La proposition aristotélicienne apporte donc une solution très efficace au problème du mouvement, si efficace d'ailleurs qu'elle s'impose pour plusieurs siècles. Aristote, peu connu des Latins, réapparaît chez les savants byzantins puis dans le monde musulman, notamment au temps du califat abbasside. Le Moyen Âge occidental absorbe son œuvre, grâce en particulier à l'immense travail de saint Thomas d'Aquin, qui fait entrer la pensée d'Aristote en résonance avec la foi chrétienne. L'Orient et l'Occident s'accorderont longtemps pour reconnaître ce penseur de l'Antiquité grecque comme leur point de référence sur le terrain de la raison : Averroès l'appelle « le Maître », saint Thomas d'Aquin le cite comme « le Philosophe ». L'aristotélisme est devenu le cadre de pensée au sein duquel tous les problèmes – philosophiques, mais aussi scientifiques, politiques… – peuvent être posés, discutés et résolus.

C'est par la physique, par l'étude du mouvement, que ce bel édifice va soudain se fragiliser, au milieu de la Renaissance. En 1543, un imprimeur de Nuremberg publie la première édition d'un livre décisif : au même moment, son auteur est en train de mourir. Nicolas Copernic travaillait depuis quarante ans sur l'hypothèse qu'il avait enfin accepté de publier : peut-être eut-il l'occasion d'avoir en main son œuvre, ce petit ouvrage qui devait constituer l'occasion d'une immense révolution. *De revolutionibus orbium celestium*, « Des révolutions des sphères célestes », ne constitue pourtant pas immédiatement un événement remarqué. La proposition de Copernic circule dans les milieux savants depuis quelques années déjà ; elle est étudiée avec beaucoup d'intérêt et d'admiration, mais elle ne produit pas en tant que telle de véritable bouleversement. Ecclésiastique, médecin, astronome, Copernic se penche, dans cet ouvrage, en géomètre, sur la question du mouvement des planètes.

En la matière, le modèle qui prévaut jusque-là est inspiré de l'univers aristotélicien ; nommé *géocentrisme*, il semble correspondre spontanément à ce que nous disent nos sens : il part en effet du principe que la Terre est immobile, et qu'elle forme le centre de ce cosmos dans lequel les corps se déplacent. Tous les astres tourneraient donc autour de la Terre. De ce modèle explicatif, Ptolémée, dès le IIe siècle, cherche à proposer une description complète ; mais en tentant de formaliser les cercles parcourus par les astres autour de la Terre, il a bien du mal à faire correspondre les observations astronomiques concrètes avec sa théorie de départ. Plutôt que de la remettre en cause, il multiplie les complications et les exceptions qui s'ajoutent au principe de base pour tenter de donner une apparence d'ordre au mouvement de ces planètes, qui semble si chaotique.

Plutôt que d'ajouter encore des compléments à un modèle qui, malgré toute sa sophistication, peine à coller au réel, Copernic propose de changer totalement de point de départ : que se passerait-il si on formait l'hypothèse que c'est le Soleil, et non la Terre, qui est au centre de l'univers ? En passant du géocentrisme à l'héliocentrisme, Copernic voit d'un seul coup toutes les projections astronomiques considérablement simplifiées : inutile d'ajouter autant d'exceptions et de complications à la théorie de base, elle suffit à rassembler, dans une synthèse bien plus simple, toutes les observations du mouvement réel des planètes conservées depuis des siècles dans les tables d'astronomie.

C'est ainsi que se présente le *De revolutionibus* : une théorie plus économe, plus efficace, plus facile d'utilisation que celle de Ptolémée. Le modèle géocentrique était d'une infinie complexité dans ses calculs, et pourtant toujours approximatif dans ses résultats. En supposant à l'inverse que le Soleil est au centre, soudainement, tout s'éclaircit. La proposition séduit, jusqu'à l'Église, qui utilisera les travaux de Copernic pour mettre en œuvre une importante réforme du calendrier, lancée par le pape

Grégoire XIII en 1582. Cette belle découverte sur la révolution des astres n'a donc pas encore causé de révolution dans les esprits. Un immense ébranlement est pourtant contenu, en germe, dans ce qui ne ressemble encore qu'à de nouvelles hypothèses de calcul. Celui qui va donner toute sa force à cette nouvelle description de l'univers, et faire ainsi basculer le monde occidental dans la révolution copernicienne, c'est Galilée.

À la différence de son prédécesseur, Galilée revendique sans détour le fait de parler, non d'un modèle, mais du réel lui-même. Pour la science antique, l'opacité de la matière ne pouvait pas faire l'objet d'une connaissance parfaite : il fallait donc simplement mettre au point des règles générales, construites par notre intelligence et capables tant bien que mal de « rendre raison des apparences[1] ». Les lois secrètes de l'univers restaient inconnues ; il s'agissait donc tout au plus de définir quelques repères pour pouvoir s'orienter dans la complexité du réel. Le *De revolutionibus* revendiquait encore cette séparation entre la théorie et le réel. Mais Galilée, lui, ne veut pas s'en tenir à cette simple tâche d'ajuster un modèle : il veut parler de la réalité elle-même. Il bénéficie pour cela de nouvelles capacités d'observation, offertes par le développement des premières lunettes grossissantes, qu'il adapte à l'astronomie pour mieux étudier les mouvements astraux. En 1610, le savant florentin utilise l'une des lunettes qu'il a fabriquées, une sorte de longue-vue, non plus pour regarder l'horizon, mais pour observer, dans la

1. Cf. Pierre Duhem, *Sauver les apparences*, 1908, Vrin.

nuit, les astres – et d'abord le plus proche de la Terre. Et il découvre que, contrairement à ce que croyait Aristote, la Lune n'est pas parfaite... Galilée dessine ce qu'il voit : des cratères, des reliefs, ces nombreuses irrégularités qui découpent et dessinent sa surface. Il ne semble donc pas qu'il y ait une frontière absolue dans l'espace : l'imperfection n'est pas réservée au monde d'en bas. Il n'y a qu'un seul univers, continu, homogène, où la matière se déplace selon les mêmes lois : et cette découverte, on le verra, aura des conséquences importantes.

La suite est plus impressionnante encore : toutes les observations de Galilée confirment peu à peu l'intuition de Copernic. Celui-ci n'avait pu s'appuyer que sur des relevés astronomiques souvent médiocres, imprécis et parfois faux, ce qui ne pouvait que l'empêcher d'acquérir une certitude définitive dans le débat qu'il ouvrait. Mais, en relevant à la lunette la position des planètes, Galilée accumule les preuves qui corroborent l'hypothèse de l'héliocentrisme. Pour lui, il n'est pas question de retenir plus longtemps une affirmation aussi décisive : oui, la Terre est bien en mouvement autour du Soleil. Ce n'est plus une simple théorie : cela doit être considéré comme la réalité concrète de l'univers, que nous découvrons soudain si différent de ce que nous avions pu imaginer.

Cette même année 1610, Galilée publie un premier ouvrage comportant ses observations : le *Sidereus nuncius*, « Le messager des étoiles ». Et dès la parution de ce premier livre, il s'attire à la fois une immense notoriété et une intense opposition. Affirmer que la Terre tourne autour du Soleil, et qu'elle tourne sur elle-même en même temps, paraît en effet délirant. C'est aller contre l'autorité alors incontestée des textes bibliques, dont certains, comme le psaume 92, semblent indiquer, si on les lit de façon littérale, que « la terre est ferme et inébranlable ».

Mais affirmer le mouvement de la Terre, ce n'est pas seulement contrarier cette lecture de la Bible : c'est aussi et surtout aller contre toute l'évidence de nos sens ! Car si nous considérons sérieusement notre perception sensible, tout concorde à nous prouver que le sol sur lequel nous nous trouvons est en effet « ferme », immobile – que notre Terre est fixe et qu'autour d'elle tournent le Soleil et tous les astres que notre œil peut percevoir. Avez-vous déjà perçu le mouvement de la Terre – par le déséquilibre qu'il nous causerait, le sentiment de nous trouver plaqués par sa vitesse, ou de devoir résister à son élan pour pouvoir rester en place ? Les choses que nous laissons immobiles, nous les retrouvons au même endroit : et toute notre expérience ordinaire semble nous confirmer cette stabilité, cette fixité de ce qui dans le monde n'est pas en train de se mouvoir à la surface de la Terre. Tout semble donc nous dire la fixité de notre Terre elle-même.

C'est pour répondre à ces objections que Galilée va devoir forger une nouvelle théorie du mouvement, proprement révolutionnaire, et qui sans aucun doute a transformé de façon majeure notre conception du monde. Il l'expose de façon approfondie dans un texte paru en 1632, le *Dialogue sur les deux grands systèmes du monde*. Le pape Urbain VIII, qui estime profondément le savant florentin, lui demande de rédiger un ouvrage qui présenterait de façon équilibrée les deux hypothèses, celle de

Ptolémée et celle de Copernic. Galilée écrit donc cette présentation sous la forme d'un dialogue, dont tout l'effet est en réalité de tourner en ridicule ceux qui s'obstinent à défendre l'idée que la Terre est fixe. Le *Dialogue* constitue un tour bien déloyal joué au pape ; de fait, la querelle n'est plus seulement scientifique, elle est devenue une bataille de communication, et sur ce terrain Galilée est un virtuose. Dans ce contexte, le *Dialogue* nous offre, au-delà de ses simplifications parfois caricaturales, des pages qui resteront comme un véritable prodige de pédagogie scientifique : de façon simple, concrète, imagée, Galilée fait tomber une à une toutes les préventions de notre expérience ordinaire contre l'idée si peu intuitive de la rotation de la Terre. Et les passages les plus décisifs sont donc ceux qui concernent cette nouvelle idée du mouvement.

Du mouvement, nous pouvons croire en effet qu'il se déroule au sein d'un monde d'immobilité. Les corps mobiles se distingueraient ainsi, de façon absolue, des corps au repos. Mais que signifie en fait « être en mouvement » et « être au repos » ? Ces considérations, affirme Galilée, sont purement relatives. Si un navire transportant des marchandises part de Venise pour aller à Alep, nous dirons que les marchandises, durant la navigation, se déplacent – si nous les regardons se mouvoir sur une carte géographique. Mais si nous sommes sur le bateau, en les voyant toujours bien arrimées au fond de la cale, nous dirons qu'elles sont immobiles. Sont-elles au repos, ou en mouvement ? Tout dépend de notre point de vue… Pour répondre à cette question, il faut savoir qui la pose :

si l'armateur pose cette question au capitaine à qui il écrit, le capitaine lui indiquera que les marchandises se déplacent vers la destination où elles doivent être livrées. Elles sont donc en mouvement. Mais si c'est le capitaine qui pose cette question à son équipage, l'équipage pourra le rassurer : les marchandises sont bien rangées et fixées pour ne pas se répandre sur le bateau au moindre coup de gîte. Elles sont parfaitement immobiles.

Ce que nous appelons stabilité, par conséquent, n'est rien d'autre que du mouvement annulé par un effet de perspective. Quand les choses qui sont autour de nous se déplacent à la même vitesse que nous, nous disons qu'elles sont immobiles, et nous ne ressentons pas l'effet de leur mouvement ni du nôtre. Ainsi, lorsque je suis dans un train, même lancé à grande vitesse, assis confortablement à ma place, je ne perçois pas la rapidité à laquelle se déplacent tous les objets autour de moi : siège, table, lampe, sol et plafond, passagers qui m'entourent – tout avance à une très grande vitesse. Mais je suis pris dans ce même mouvement : et si toutes les fenêtres du train étaient fermées en même temps, je ne me rendrais même pas compte que je suis en train de bouger, puisque tout autour de moi se déplace exactement comme moi. Je ne ressens pas ce mouvement, je ne me sens pas plaqué au mur par l'effet de l'élan du train : paisiblement installé, je pourrais me croire immobile.

Pour rendre l'image plus parlante, Galilée propose d'embarquer, à la place des marchandises, un poisson dans un bocal ou un oiseau dans une cage : installez cet habitacle dans une cabine du bateau, vous verrez ces animaux évoluer dans cet espace tout aussi paisiblement lorsque le bateau, toutes voiles dehors, filera à travers l'océan. C'est la même chose qui nous arrive, écrit en substance Galilée, avec le mouvement de la Terre : nous sommes embarqués dans ce mouvement comme l'oiseau, dans sa cage, sur le bateau qui l'emporte ; et si nous nous croyons immobiles, c'est parce que tout ce qui est sur la Terre se déplace dans l'univers à la même vitesse que nous.

Si Galilée passe par cette série d'expériences de pensée, c'est pour pouvoir libérer le modèle héliocentriste de l'objection immédiate que lui opposent nos sens : pour affirmer que nous tournons autour du Soleil, il faut ne pas en croire ses yeux. Mais à travers cette démonstration de la relativité du mouvement, quelque chose de bien plus important encore est en train de se jouer…

En fait, la révolution scientifique que constitue l'abandon du géocentrisme aura eu plusieurs conséquences historiques absolument décisives. Son premier effet évident, c'est bien sûr que l'homme découvre avec effroi qu'il n'est pas le centre de l'univers, que le cosmos tout entier ne tourne pas autour de lui. Dans son *Introduction à la psychanalyse*, Sigmund Freud écrira que « la science a infligé à l'égoïsme naïf de l'humanité [un premier] grave démenti, (…) lorsqu'elle a montré que la Terre, loin d'être le centre de l'univers, ne forme qu'une parcelle insignifiante du système cosmique dont nous pouvons à peine nous représenter la grandeur ». Nous ne sommes pas le centre du monde : tournant sur elle-même quelque part entre Vénus et Mars, notre Terre est une planète – ce qui signifie en grec « astre errant », et nous sommes avec elle des errants au milieu des autres planètes qui se déplacent en même temps dans cet univers devenu vertigineux.

Par là, la victoire de Galilée emporte une autre conséquence, moins visible mais tout aussi immense : nous sommes tous, tout le temps, en mouvement. Le repos n'existe plus. Il n'est plus rien qui soit stable. Ce que nous appelons « immobilité » n'est jamais que du mouvement annulé par un effet de perspective – ce qui nous semble immobile est en fait en mouvement à la même vitesse que nous. En la matière, tout est affaire de point de vue : le mouvement est simplement relatif à un cadre de référence. Croire que la réalité pourrait demeurer immobile, c'est toujours la conséquence d'un aveuglement volontaire, le choix d'isoler certains objets dans l'espace, et de ne regarder qu'eux. En parlant de quelque chose qui serait stable, nous nous comportons comme le passager d'un train qui choisirait volontairement de ne pas regarder par la fenêtre, de faire comme si seul existait le wagon dans lequel il est.

Rien n'est fixe. Rien n'est immuable. Le repos n'existe pas.

Victoire d'Héraclite

La première chose que Galilée retire à notre monde, c'est donc la possibilité du repos : lorsque le mouvement semble s'interrompre, c'est seulement parce que nous nous déplaçons désormais à la même vitesse que les objets qui nous entourent et que nous choisissons provisoirement pour référentiel. Nous pouvons nous tenir dans un repos relatif, mais rien, personne, ne peut plus trouver nulle part l'occasion d'un repos absolu.

Galilée avait assuré, en démontrant que l'immobilité n'est jamais que relative, la possibilité du mouvement de la Terre autour de ce nouveau centre de l'univers que constituait le Soleil. Bientôt, l'élan copernicien se dépassera de lui-même, et l'astronomie viendra adopter la perspective fascinante et vertigineuse que proposait, dès la fin du XVIe siècle, le philosophe Giordano Bruno. Dans *Le Banquet des cendres*, publié en 1584 – soit quarante ans après la parution de l'œuvre de Copernic –, Bruno professait son refus du géocentrisme, de la physique aristotélicienne, et anticipait ce que Galilée allait démontrer quelques années plus tard : « Ainsi, écrivait-il, se meut avec la Terre tout ce qui se trouve sur la Terre. » Mais Bruno allait plus loin encore : et contre Copernic cette fois, il poussait cette intuition jusqu'à ses ultimes conséquences. En réalité, le Soleil lui-même, écrit Bruno, n'est pas le centre de l'univers, pour une raison très simple : si tout est en mouvement, l'univers n'a pas de centre. Et voilà établie la conviction de Bruno : si le mouvement est sans fin, alors il ne peut plus y avoir nulle part ni limites, ni centre. « Nous déclarons, à cette occasion, que la masse de l'univers est infinie et qu'il est vain de chercher le centre ou la circonférence du monde universel, comme s'il était l'un des corps particuliers. »

L'univers est infini : en affirmant cela, Bruno abolit l'idée aristotélicienne d'une limite du ciel, une sorte de paroi sur laquelle se tiendraient des étoiles immobiles. Copernic avait admis l'existence de cette « sphère des fixes » ; il proposait seulement de déplacer le milieu de cette sphère, de la Terre au Soleil. Mais Bruno abandonne cette idée d'une limite figée de l'univers, d'une sphère des fixes. On pourrait dire, littéralement, qu'il est le premier à avoir aboli le ciel : il n'y a plus devant nous que l'immensité d'un vide infini. Et en affirmant cette infinité de l'espace, en supprimant la sphère qui était censée en marquer la frontière, Bruno détruit définitivement la possibilité d'un centre. Dans *L'Infini, l'univers et les mondes*, il écrit :

> Il est donc d'innombrables soleils et un nombre infini de terres tournant autour de ces soleils, à l'instar des sept terres [la Terre et les planètes du système solaire connues à l'époque] que nous voyons tourner autour du soleil qui nous est proche. (...) Il n'y a qu'un seul espace général, une seule vaste immensité que nous pouvons librement appeler vide. En elle se trouvent d'innombrables et infinis globes, comme celui sur lequel nous vivons et croissons.

Les écrits de Bruno ne sont pas à proprement parler des textes scientifiques : avec une forme très rhétorique, souvent polémique, ils mêlent des démonstrations rationnelles et des considérations ésotériques ; dans cette période d'effervescence intellectuelle, l'ancien dominicain se passionne autant pour les calculs de Copernic que pour d'obscures recherches d'astrologie ou de magie. Mais ses ouvrages, d'une imagination et d'une prescience singulières, sont importants pour ce qu'ils montrent de l'immense transformation dans la conception du monde que suscitent les nouvelles théories astronomiques.

L'univers, désormais, n'a plus de centre. Il n'y a plus rien de fixe dans l'espace, plus rien d'immobile, pas même un axe stable autour duquel tout tournerait. « Il n'y a aucun astre au milieu de l'univers, parce que celui-ci s'étend également dans toutes ses directions. » Avec cette affirmation, Bruno formule de façon prémonitoire ce que la science ne démontrera définitivement qu'au xxe siècle ; et ainsi il témoigne déjà de l'ampleur du « choc sismique » engendré par cette révolution scientifique. Avec des siècles de distance, on peut encore aisément mesurer l'effet de sidération suscité par cette perspective jusque-là littéralement inimaginable. Le monde aristotélicien s'effondre soudain et, dans le débat antique qui entourait l'idée de mouvement, Héraclite gagne sans appel. Effectivement, à un point que le philosophe grec lui-même n'aurait sans doute jamais osé envisager, il semble désormais attesté que « tout s'écoule ». *Panta rhei.*

Nouvelle science, nouvelle conscience

En étudiant la révolution des planètes, les astronomes ont littéralement fait entrer notre Terre en révolution, un basculement dont les effets ne cessent pas de se faire sentir. Les conséquences scientifiques de ces découvertes sont innombrables ; mais le plus important, c'est que ces conséquences ont fait sentir leurs effets bien au-delà du champ de la science. En transformant notre regard sur l'univers, la révolution scientifique a ébranlé en profondeur la croyance que l'homme avait d'en être le centre, comme l'affirme Freud ; mais ce n'est certainement pas le seul impact significatif de cette mutation fondamentale. Si l'on y regarde de plus près, il semble que le plus important se trouve dans la façon dont ces conséquences scientifiques ont peu à peu transformé la manière dont nous pensons le mouvement.

L'hypothèse que je voudrais proposer, c'est que nos conceptions du monde, notre idée de l'histoire, la conscience que nous avons de notre place dans le temps et dans l'espace, héritent du basculement décisif dont témoigne cette révolution scientifique, qui a vu entrer le monde occidental dans un moment radicalement nouveau. Ce qui commence avec ce passage vers l'héliocentrisme, ce n'est pas seulement une nouvelle étape de l'astronomie ; c'est une nouvelle ère, que l'on appelle la modernité.

Classiquement, l'époque moderne est définie comme la période de l'histoire humaine où s'est progressivement imposé le règne de la raison. Elle est marquée par une tendance de fond qui, à l'autorité des traditions régnant sur l'Antiquité et le monde médiéval, a opposé l'effort de la pensée critique, inspirée désormais par la foi au progrès scientifique, technique, moral et politique. La modernité est ainsi tout à la fois une période de l'histoire, et une vision du monde.

Mais si nous sommes les enfants de cette modernité occidentale, c'est d'abord, me semble-t-il, en ce qu'elle constitue avant tout un nouveau rapport au mouvement. L'un des traits caractéristiques de ce moment de l'histoire humaine, c'est l'affirmation du changement comme loi fondamentale. La révolution scientifique que nous venons de décrire est sans doute à la fois un effet et une cause de cette entrée dans le monde de l'universelle mobilité : pour que l'intuition de Bruno, l'hypothèse de Copernic et la démonstration de Galilée soient possibles, sans doute fallait-il que quelque chose ait été profondément ébranlé dans la croyance collective en la stabilité du réel ; et une fois cette révolution opérée, elle ne pouvait que produire des conséquences incalculables dans les sciences, et dans les consciences.

Ces conséquences peuvent être rassemblées derrière quelques lignes de force qui dessinent l'esprit moderne : la révolution introduite par Galilée a suscité, schématiquement, trois ruptures décisives. Toutes trois découlent logiquement, sur le plan scientifique, de ce nouveau paradigme ; mais chacune d'entre elles, nous le verrons, a largement débordé le plan de la science pour contribuer à modifier les fondements mêmes de notre conscience du monde.

La première d'entre elles sera formulée par Newton, sous le nom de « principe d'inertie ». Si le repos est du mouvement annulé par un effet de perspective, alors le mouvement doit être considéré comme le repos : il n'a pas besoin d'être entretenu pour durer. Le principe d'inertie implique que le mouvement, par défaut, se poursuit de lui-même : un corps garde toujours le mouvement dans lequel il est lancé, à moins qu'une résistance particulière ne l'en empêche ou ne le dévie. Là encore, ce principe est contraire à notre intuition : avec notre regard terrestre, nous avons le sentiment qu'un objet projeté dans un mouvement quelconque, si son élan n'est pas soutenu, finira par retomber et par s'immobiliser. Mais c'est parce que des forces multiples – la résistance de l'air, la gravité de la Terre – agissent sur ce projectile. En fait, tout mouvement, par défaut, se prolonge indéfiniment.

Pour le dire autrement, le mouvement n'a pas de fin ; et par conséquent, il n'a pas non plus de but. Le mouvement peut se poursuivre de lui-même sans qu'on ait besoin de chercher la moindre raison pour cela – sans qu'on puisse trouver la moindre raison : pour le physique moderne, le mouvement normal est justement celui qui n'a aucune cause, celui qui ne s'explique que par lui-même. Si tout être est en mouvement, le mouvement n'a plus de fin, plus de finalité, et il devient à lui-même sa propre raison d'être. C'est là, paradoxalement, ce que l'on appellera le principe d'inertie : si rien ne change, tout ce qui est passera.

Une seconde conséquence, très importante, consiste dans la fin des diversités qui structuraient le monde aristotélicien. Dans ce premier regard sur le mouvement, tout s'expliquait par la variété : diversité des corps (lourds ou légers), attirés vers la diversité des points de l'espace (le bas ou le haut, le ciel ou la terre). Il aurait été impossible à un aristotélicien de penser comme homogènes l'espace au-dessous de la Lune et l'espace au-dessus de la Lune. Impossible aussi de considérer comme homogènes des corps, des êtres, qui ont chacun leur lieu naturel dans un endroit singulier.

Avec le monde galiléen, toute singularité disparaît. L'espace en lui-même est neutre, et n'agit pas sur les corps. Ils se déplacent d'un point à l'autre selon des lois physiques qui sont partout identiques : les astres suivent les mêmes lois que n'importe quel objet qui se déplace, tout près de nous, à la surface de la Terre. Toute la matière est identique ; il n'y a pas de frontières dans l'être. Au fond, la « globalisation » (le terme anglais *globalization* traduit ce que nous appelons mondialisation) est contenue dans son principe dès la révolution scientifique…

Comment dès lors penser la réalité dans ce monde continu qui se dessine sous nos yeux ? Il ne s'agit plus de décrire par des adjectifs la diversité des choses, mais simplement de ramener tout ce qui nous apparaît à la généralité des lois scientifiques, dont l'application sera d'autant plus certaine qu'elle sera désormais chiffrée. C'est la troisième conséquence décisive de la révolution introduite par Galilée.

Isoler ces conséquences majeures relève nécessairement d'une simplification artificielle : il faudrait bien plus qu'un ouvrage pour prendre toute la mesure du basculement qu'a constitué l'entrée dans l'univers du mouvement. Mais en tentant de décrire ce nouveau rapport au monde, nous pouvons, me semble-t-il, remonter aux origines de notre propre conscience collective, pour en dessiner les grands traits, pour comprendre ce qu'elle nous a permis de découvrir, mais aussi, peut-être, ce qu'elle nous empêche de penser, et ce qu'elle met par là en danger…

Ce travail que nous avons à faire répond sans doute à une urgence singulière : car nous vivons depuis quelques décennies l'accomplissement de la modernité, qui se traduit simultanément par sa crise globale. De fait, il semble qu'aucun aspect de notre vie collective n'échappe aujourd'hui à cette crise : nous la voyons se manifester sur le plan philosophique, intellectuel et spirituel, mais aussi sur le terrain de la technique, de l'économie, des institutions, de la société… La nature elle-même est désormais dans une situation critique. L'hypothèse que je voudrais proposer, c'est que cette passion moderne pour le mouvement, au moment où elle triomphe, suscite tous ces déséquilibres : nous les déplorons sans comprendre qu'ils ne procèdent que d'une seule et même crise, qui est une crise intérieure. Prendre la mesure de cette rupture, comprendre ce qu'elle fragilise, sera peut-être pour chacun de nous l'occasion de retrouver les points d'appui qui peuvent orienter nos vies. C'est aussi un effort politique nécessaire, pour échapper à l'effondrement que l'instabilité perpétuelle fait peser sur nos sociétés, et notre civilisation tout entière.

III

UN MOUVEMENT SANS FIN

« Pourquoi Mermoz a-t-il suivi son colonel, sinon par soif ? »

Courir

Si tout s'écoule, il n'y a désormais plus de lieu qui puisse constituer un but pour le mouvement, plus d'état stable qui puisse apparaître comme la fin du changement. Nous n'avons plus dans ce monde de « lieu naturel » où chacun pourrait demeurer avec le sentiment d'avoir trouvé sa place – nous ne pouvons même plus imaginer un tel lieu pour diriger notre effort. Très rapidement, cette nouvelle conception du monde transforme en profondeur l'idée même que les hommes se font de leur propre vie, du sens de cette existence, et du but vers lequel concentrer leur énergie.

De cette mutation profonde, on trouve la trace dans l'œuvre de l'un des premiers grands philosophes de la modernité, Thomas Hobbes. L'ancien étudiant d'Oxford, né en 1588, s'éloigne rapidement de la vie universitaire, et choisit – ce n'est pas anodin – une vie d'itinérance. Il sera le *travelling tutor*, l'accompagnant de plusieurs jeunes aristocrates, issus de la noblesse britannique, qui sont envoyés pour le *Grand Tour*, un long voyage d'initiation à travers l'Europe. Avec ses élèves, Hobbes passera des années en France et en Italie, où il rencontre les figures les plus importantes de la nouvelle philosophie et de la recherche scientifique : Gassendi, le père Mersenne, qui le mettra en lien avec Descartes… En 1634 et 1635, Hobbes est à Florence, où il se lie d'amitié avec Galilée, auquel il voue une immense admiration. Cette relation, et les « nombreuses visites » que racontera Galilée lui-même, seront décisives pour le philosophe britannique.

Bien qu'il se passionne pour la physique et la théorie de la lumière, ce n'est pourtant pas sur ces sujets que sa réputation s'établira : la notoriété de Hobbes viendra plutôt de sa philosophie politique, appuyée sur une nouvelle vision de l'homme. Cette nouveauté tient au fait que Hobbes est l'un des premiers à mesurer les conséquences de la révolution scientifique dont il est l'un des si proches témoins.

De cette modernité naissante, l'un de ses textes me paraît particulièrement révélateur : il s'agit de l'évocation de la nature humaine contenue dans le chapitre IX des *Éléments de droit naturel et politique*, écrits en 1640. Ce chapitre se présente comme un bref traité des passions : il fait l'inventaire des sentiments qui traversent le cœur de l'homme. L'exercice n'a rien de nouveau ; c'est une sorte de passage obligé de la philosophie morale. Mais l'orientation de Hobbes, elle, porte la marque d'un changement profond : les passions, que la morale décrivait habituellement comme des causes de désordre, sont désormais définies par Hobbes comme des « puissances de mouvement ». Pour lui, elles sont les moteurs qui animent l'action humaine. Dix ans plus tard, Hobbes sera d'ailleurs le premier, inaugurant en cela la tradition libérale, à faire de ces passions individuelles la clé de voûte d'un système politique ordonné et bénéfique.

Pour l'instant, il se borne à tenter de décrire ce mouvement que les passions humaines produisent. Ce mouvement, c'est celui de la vie ; car pour Hobbes, la vie est essentiellement mouvement. Elle se définit comme telle : nous avons en commun avec tout ce qui vit ce « mouvement vital », celui qui s'opère dans nos corps sans même que nous y pensions. Vivre, c'est grandir, respirer, digérer… La vie est un mouvement qui cherche seulement à se perpétuer. Et pour cela, il faut résister aux obstacles, surmonter ce qui pourrait nous affaiblir, fuir ce qui pourrait nous tuer, ou bien le détruire avant d'avoir été vaincus : cela, c'est ce que Hobbes appelle le « mouvement animal », mouvement volontaire animé par les passions.

Puisque chaque vivant cherche d'abord à continuer à vivre, à rester en mouvement, il ne peut que percevoir tous les vivants autour de lui comme des menaces potentielles : car la trajectoire de mes désirs rencontre souvent comme un obstacle le désir de l'autre. Il faut donc que j'augmente sans cesse mon pouvoir pour toujours devancer l'autre, prendre l'ascendant, lui manifester par ma force qu'il ne peut me mettre en danger. Hobbes nous fait entrer dans une modernité désenchantée, inquiète, défiante, dans laquelle le mouvement devient un principe de survie. Si l'attrait du pouvoir est si puissant, c'est parce qu'il a pour propriété de nous garantir la possibilité du mouvement, de « rendre à jamais sûre la route du désir futur » (*Léviathan*).

Bref, il n'y a plus de « lieu naturel » à rechercher dans le monde : il n'y a plus de point auquel nous puissions nous dire que nous sommes enfin arrivés au terme de notre recherche. « Nous devons considérer que la félicité de cette vie ne consiste pas dans le repos d'un esprit satisfait, car cette "fin ultime" dont on parle dans les livres des anciens moralistes n'existe pas. » Le monde ancien s'est achevé. Dans le nouveau monde qui s'ouvre, on ne peut plus espérer s'arrêter un jour pour goûter le bonheur : il nous faudra toujours tenter d'accroître, d'augmenter, d'agrandir notre puissance, pour pouvoir rester mobiles – pour pouvoir rester vivants. Si le bonheur existe, il ne sera pas un état, mais une dynamique ; un mouvement, non un repos ; une action, non une contemplation. « La félicité est une continuelle marche en avant du désir d'un objet à un autre, l'obtention du premier n'étant toujours rien d'autre que le moyen d'acquérir le second. » Le désir de l'homme moderne ne sera pas comblé par le fait d'avoir atteint un lieu, un état stable où demeurer ; non, sa propriété est d'être essentiellement surenchère : avoir *plus*, gagner *plus*, et plus de pouvoir encore pour augmenter, de façon exponentielle, sa capacité même d'acquérir et de croître.

> Ainsi, je mets au premier rang, à titre d'inclination générale de toute l'humanité, un désir perpétuel et sans trêve d'acquérir puissance après puissance, désir qui ne cesse qu'à la mort[1].

Dix ans avant ces lignes du *Léviathan*, Hobbes conclut son inventaire des passions par une longue métaphore de la vie humaine. Cette métaphore signe, me semble-t-il,

1. Thomas Hobbes, *Léviathan*, Folio/Gallimard, 2000.

l'entrée dans le monde de la modernité – dans notre monde.

> La vie humaine peut être comparée à une course, et quoique la comparaison ne soit pas juste à tous égards, elle suffit pour nous remettre sous les yeux toutes les passions dont nous venons de parler. Mais nous devons supposer que dans cette course on n'a d'autre but et d'autre récompense que de devancer ses concurrents[1].

La vie est un mouvement, mais un mouvement dépourvu de tout but qui pourrait en marquer l'achèvement. Nous ne courons pas pour rejoindre le lieu où nous pourrions nous reposer, non : nous courons pour courir, et courir plus vite que les autres. Dépourvus de lieu qu'ils puissent simplement habiter, les individus deviennent des *concurrents* – au sens littéral de ce terme, ils courent ensemble, dans un espace social aussi vide et aussi illimité que le nouvel univers de l'astronomie. Comme l'espace de la science moderne est indifférencié, n'exerçant aucune influence sur les corps qui s'y déplacent, l'espace de la société moderne est celui de la concurrence libre et non faussée : les individus se mesurent dans cet environnement neutre, que rien, dans l'idéal, ne doit encombrer, délimiter, parasiter. Frontières, cultures, héritages, religions... Tout ce qui pourrait prétendre habiter l'espace social doit être rendu invisible, insensible, impalpable, pour que rien ne vienne freiner les

1. Thomas Hobbes, traité *De la nature humaine*, réédition de la traduction de d'Holbach, Actes Sud, 1997.

trajectoires individuelles. Mais où mènent ces trajectoires ? Vers quel but courons-nous ? Aucun – si ce n'est le fait de courir, et de courir plus vite que les autres...

Cette métaphore de la course, Hobbes la poursuit pendant un long paragraphe qui reprend, une à une, les passions que son traité vient de décrire.

> Courir avec énergie, c'est désirer.
> Se relâcher, c'est sensualité.
> Regarder ceux qui sont en arrière, c'est gloire.
> Regarder ceux qui précèdent, c'est humilité.
> Perdre du terrain en regardant en arrière, c'est vaine gloire.
> Être retenu, c'est haine.
> Retourner sur ses pas, c'est repentir.
> Être en haleine, c'est espérance.
> Être excédé, c'est désespoir.
> Tâcher d'atteindre celui qui précède, c'est émulation.
> Le supplanter ou le renverser, c'est envie.
> Se résoudre à franchir un obstacle prévu, c'est courage.
> Franchir un obstacle soudain, c'est colère.
> Franchir avec aisance, c'est grandeur d'âme.
> Perdre du terrain par de petits obstacles, c'est pusillanimité.
> Tomber subitement, c'est disposition à pleurer.
> Voir tomber un autre, c'est disposition à rire.
> Voir surpasser quelqu'un contre notre gré, c'est pitié.
> Voir gagner le devant à celui que nous n'aimons pas, c'est indignation.
> Serrer de près quelqu'un, c'est amour.
> Pousser en avant celui qu'on serre, c'est charité.
> Se blesser par trop de précipitation, c'est honte.

Être continuellement devancé, c'est malheur.
Surpasser continuellement celui qui précédait, c'est bonheur.
Abandonner la course, c'est mourir[1].

Ce texte dit, avec une transparence fascinante, le nouveau monde qui se dessine. Il le construit, pour ainsi dire, à partir de la nouvelle physique, qui se transpose point par point dans le domaine de la vie éthique. L'univers aristotélicien s'est effondré : il n'y a plus un but vers lequel il faudrait aller avec l'espoir de s'y arrêter, pour approfondir sans cesse un accomplissement enfin atteint. Non, dans ce monde désenchanté, le mouvement n'a plus de fin – plus d'autre fin que la mort : il est en fait toute la vie. Quand il s'achève, tout s'achève. Pour rester en vie, il faut tout faire pour continuer de courir. Et nous en sommes tous là : à courir, les uns contre les autres, sans même savoir où nous allons. Courir, non pour arriver quelque part, mais pour poursuivre la course elle-même.

Cette métaphore de Hobbes a fini par devenir l'image commune de nos vies : rien n'exprime mieux qu'elle le rythme de nos existences quotidiennes. Nous passons nos journées à nous plaindre de la course folle dans laquelle nous sommes absorbés, par notre travail – mais aussi par nos engagements, nos responsabilités, et même nos loisirs... On peut retrouver là une forme pure du divertissement, qui donne son titre à une liasse célèbre des *Pensées*[2]. Contem-

---

1. *Ibid.*
2. Pascal, *Pensées*, Folio/Gallimard, 2004. Les citations suivantes sont tirées de cette édition.

porain de Hobbes et grand observateur de la modernité naissante, Pascal découvre, dans ce qu'il appelle « divertissement », cette passion de l'activité qui se cherche partout des prétextes. Si nous sommes constamment en train de courir, ce n'est pas pour les objets qui nous font courir, mais c'est pour la course elle-même ; et c'est, au fond, parce que nous ne savons plus demeurer. « J'ai dit souvent que tout le malheur des hommes vient d'une seule chose, qui est de ne savoir pas demeurer en repos dans une chambre. » Pascal s'étonne de cette curieuse propension à se jeter dans les efforts les plus éprouvants, même chez ceux à qui il serait facile de se ménager un peu de paix. « Un homme qui a assez de bien pour vivre, s'il savait demeurer chez soi avec plaisir, n'en sortirait pas pour aller sur la mer ou au siège d'une place. » Celui qui a atteint un état suffisant de prospérité matérielle pourrait s'estimer heureux et s'arrêter pour trouver du repos ; il pourrait s'éviter de traverser les mers ou de se risquer à la guerre. Mais « les hommes aiment tant le bruit et le remuement… ». Nous voilà incapables d'habiter vraiment un lieu familier, et d'y « demeurer en repos ». Bien sûr, nous nous plaignons tous du rythme de nos vies, de leur épuisante activité ; nous affirmons, et nous croyons sincèrement, qu'une fois tel objectif atteint, ou tel problème réglé, nous pourrons enfin goûter le repos mérité. Mais le calme à peine arrivé devient en fait très vite insupportable ; « il en faut sortir et mendier le tumulte ».

C'est bien la passion du mouvement qui nous anime, et elle seule – ce n'est pas le besoin de ce vers quoi il nous conduit. Pour montrer combien ce paradoxe est réel, Pascal prend pour exemple un roi ; car un roi possède tout. Comme le roi des *Pensées*, nos sociétés occidentales semblent parvenues à un degré de prospérité matérielle sans précédent dans l'histoire : de même, le roi qu'imagine Pascal obtient tout ce qu'il demande. Ne lui suffit-il pas alors de demeurer dans le contentement de sa richesse, dans « la vue de sa grandeur », et de jouir paisiblement de sa condition ? Non, il lui faut autre chose encore : il veut être en mouvement, sortir de lui-même, trouver une occasion de divertissement ; car « un roi sans divertissement est un homme plein de misère ». Alors le roi va à la chasse. Mais ce n'est pas pour le gibier : c'est pour la chasse. Le roi pourrait commander qu'on lui apporte immédiatement le gibier de son choix ; mais il préfère courir. « Ce n'est pas qu'il y ait en effet du bonheur, ni qu'on s'imagine que la vraie béatitude, soit (...) dans le lièvre qu'on court : on n'en voudrait pas s'il était offert. » On ne court donc pas pour le lièvre, en réalité : on court pour courir.

La structure pascalienne du divertissement, c'est cette ruse inconsciente qui nous fournit sans cesse de nouveaux prétextes pour continuer à courir. Elle caractérise, de façon évidente, toutes les activités que l'on rassemble dans la pratique sportive : on ne joue pas un match pour la victoire – et la preuve, c'est qu'on n'en voudrait pas si elle était offerte, dirait Pascal... La coupe qu'on espère soulever, comme le lièvre que court le roi, sont des prétextes à l'activité, qui seule vaut pour elle-même. L'important est de participer.

Le sport est devenu le loisir le plus caractéristique de l'homme moderne : pour la première fois sans doute, toutes les classes sociales communient dans une activité qui, sous d'autres noms, était jusque-là réservée aux oisifs, ou à la minorité épargnée par l'obligation du travail – aux citoyens grecs dont la prospérité reposait sur le système de l'esclavage, aux aristocrates de l'Ancien Régime... Le sport a quelque chose d'un luxe en effet, puisqu'il consiste à dépenser un maximum d'énergie dans une activité qui n'a pas de but en dehors d'elle-même, malgré les prétextes qu'elle se donne.

Bien sûr, on pourra trouver bien des motivations à l'exercice sportif ; le développement exponentiel de cette pratique doit sans doute être relié aux mutations de l'habitat et des conditions de travail. Au début de notre siècle, pour la première fois dans l'histoire, plus de la moitié de la population mondiale vit dans des villes – et jusqu'à près des trois quarts en Europe occidentale. Des populations entières ont basculé de façon rapide et massive dans la condition citadine, et dans des espaces de travail clos. L'attrait inédit de la pratique sportive correspond sans aucun doute au besoin de donner au corps une nécessaire activité. C'est pour nous garder en forme que les injonctions étatiques nous incitent à « bouger ». Le but du mouvement physique n'est pas la destination du mouvement, mais l'amélioration du mobile : le corps lui-même. Cette préoccupation est bien compréhensible. La civilisation technique dans laquelle nous vivons est la première à rendre tout effort physique superflu dans nos activités et nos déplacements quotidiens, comme – phénomène plus nouveau encore – dans bien des métiers. Le sport nous permet donc de dépenser l'énergie physique autrefois sollicitée par le travail.

Mais dans son développement contemporain, il se joue autre chose que cette simple substitution : la pratique sportive constitue un prolongement de plus en plus explicite de l'obsession de la performance qui sature le reste de nos existences. Il ne s'agit pas seulement de garder un corps en bonne santé, mais d'avoir le corps le plus compétitif possible. Car même nos corps sont devenus, à l'évidence, un terrain de concurrence : nous ne courons pas pour aller quelque part, mais seulement pour aller plus vite. Pour être plus rapides, plus performants, et pour éprouver ainsi, aurait dit Hobbes, plus de « puissance »... La modernité, nous l'avons vu avec lui, définit la vie comme un pur mouvement, qui ne conduit à rien de particulier, et qui ne cherche qu'à se prolonger : de là la peur de la vieillesse, cet inéluctable ralentissement, ce progressif rétrécissement de l'espace des déplacements possibles, que Brel a su si bien chanter – « du lit à la fenêtre, puis du lit au fauteuil, et puis du lit au lit ». De là aussi, la sacralisation tout à fait inédite de la jeunesse – l'obligation de se dire, de se croire, de se montrer jeune à tout âge, c'est-à-dire souple et mobile.

La modernité ne s'arrête pas à la révolution scientifique qui *constate* que tous les corps sont en mouvement. Elle en prolonge l'élan en faisant du mouvement une *valeur*, un but – et le seul but qu'il nous reste, dans un univers où il n'est plus nulle part possible de se sentir arrivé, d'habiter, de demeurer. La vie est désormais une errance, et le repos en est exclu : « Abandonner la course, c'est mourir. » Si nous courons, c'est pour pouvoir continuer de vivre : pour continuer à courir.

En perdant toute finalité extérieure à lui-même, le mouvement devient une fin en soi. Il ne peut pas en être autrement, puisque rien d'autre n'existe que lui. C'est cette conséquence inévitable qui constitue la modernité. Ceci apparaît de façon bien plus transparente et caractérisée dans l'époque que nous traversons aujourd'hui, qui marque l'accomplissement de notre fascination absolue pour le mouvement. Notre conscience collective est en effet marquée par l'effondrement définitif des grandes idéologies ; et cet effondrement semble avoir emporté, avec elles, la possibilité même d'un accomplissement ultime de l'histoire.

Le progressisme des Lumières, celui d'un Kant ou d'un Hegel, était encore habité par l'idée que le mouvement de l'histoire nous rapprochait d'un état final qui serait, par sa perfection, stable et durable. La réalisation du cosmopolitisme universaliste, l'avènement de l'Esprit absolu, empruntaient encore un trait important au monde prémoderne : ils contenaient une eschatologie, une vision de l'histoire qui consistait à la regarder comme orientée en vue d'une fin – exactement comme Aristote considérait le mouvement à partir de son but. Et cette fin devait être un état durable, semblable à celui qu'inaugurent, pour la théologie chrétienne, le retour de Dieu sur la Terre et le Jugement dernier.

Si le progressisme a gardé un caractère presque religieux, il a perdu, avec les désillusions tragiques du XXe siècle, sa dimension eschatologique. Sur le plan politique, même les utopistes les plus acharnés, même les doctrinaires les plus dangereux, ne prétendent plus sérieusement que l'histoire s'achèvera par le triomphe d'un « empire de mille ans », la construction d'une société sans classes, ou la propagation universelle de la démocratie libérale par « la victoire du magnétoscope » – comme le prédisait encore Francis Fukuyama après la chute de l'URSS. Avec l'échec souvent sanglant de ces fictions, nous avons renoncé à l'idée que le mouvement de l'histoire puisse trouver son achèvement dans une stabilité définitive.

Et ainsi, nous sommes devenus pleinement fidèles à l'essence même de la modernité. Celle qui ne voit dans la vie humaine qu'une course sans autre fin qu'elle-même, et qui observe le monde comme un perpétuel mouvement qu'aucun terme ne viendra conclure. Celle de Hobbes, et de Montaigne. Contemporain lui aussi de la révolution copernicienne, et lui aussi enthousiasmé par les découvertes de la science, l'auteur des *Essais* montre par toute son œuvre, et jusque dans sa manière d'écrire, la cristallisation de la modernité en train de s'opérer – un tour d'esprit profondément hostile, en fait, à toute aspiration à une stabilité quelconque. « Le monde n'est qu'une branloire pérenne », écrit-il au deuxième chapitre du livre III des *Essais*, intitulé « Du repentir »[1]. « Toutes choses y branlent sans cesse, la Terre, les rochers du Caucase, les pyramides d'Égypte : et du branle public, et du leur. » Ce branle, ce mouvement, est la loi de l'univers. Ce qui pourrait paraître le plus stable, dans l'espace (les rochers

1. Montaigne, *Essais*, livre III, « Du repentir », PUF, 1965.

du Caucase) ou dans le temps (les pyramides d'Égypte), ce qui semble installé et fixé pour toujours, est en fait en train de changer, de se déplacer, de se transformer. Ce que nous appelons immobilité n'est rien qu'un mouvement plus difficile à percevoir : « La constance même n'est autre chose qu'un branle plus languissant. »

La force des religions, l'emprise des idéologies ont pu retarder l'avènement de ce monde absolument mobile, en promettant encore une stabilité qui mettrait fin au mouvement. Mais la modernité a accompli son œuvre critique : elle a, littéralement, mis en crise tout ce qui pouvait nous conduire à croire encore en une finalité, une fin définitive vers laquelle avancer. Et le mouvement a effectivement pris toute la place. Depuis les échecs du XXe siècle, la conscience occidentale est entrée dans une forme de progressisme paradoxal et parfaitement moderne : un progressisme qui réside tout entier dans l'impératif du mouvement, sans aucune destination connue. Dans les révolutions de l'histoire, le passé est révolu, il faut avancer vers l'avenir – mais sans que nous puissions prétendre désormais avoir la moindre idée de ce à quoi ressemblera cet avenir. Il ne reste plus qu'à s'adapter au futur comme il vient. C'est de cet impératif de s'ajuster à un mouvement permanent que le style de Montaigne porte la marque :

> Je ne puis assurer mon objet : il va trouble et chancelant, d'une ivresse naturelle. Je le prends en ce point, comme il est, en l'instant que je m'amuse à lui. Je ne peins pas l'être, je peins le passage : non un passage d'âge en autre, ou comme

dit le peuple, de sept en sept ans, mais de jour en jour, de minute en minute. Il faut accommoder mon histoire à l'heure[1].

Ces lignes magnifiques attestent implicitement la victoire absolue d'Héraclite, avec vingt siècles de délai : notre attention ne doit plus se porter sur l'être, mais sur le passage. Parménide a perdu la partie. Mais ce texte n'en reste pas au simple constat : plus marquant encore, il contient un nouvel impératif, qui paraît constitutif de la modernité, puisqu'elle n'est pas seulement une étape de la science et de la conscience, mais une nouvelle norme pour la pensée et l'action : « Il faut accommoder mon histoire à l'heure. »

La modernité consiste tout entière dans cet impératif, cette obligation de s'accommoder à l'heure présente, de s'ajuster au mouvement de l'instant : elle est un commandement nouveau – le commandement du nouveau. « Il faut être absolument moderne », écrivait Rimbaud. C'est bien d'une injonction qu'il s'agit : il faut être absolument d'actualité. Être totalement mobile, pour pouvoir s'assurer d'être toujours de son temps. « Moderne » vient du latin *modo*, qui veut dire « maintenant ». Savoir s'adapter à l'immédiateté de l'instant, et rester ouvert aux changements qui s'annoncent pour demain – voilà la grande vertu moderne.

L'idéal classique voulait que l'on s'élève au-delà de cette immédiateté. « Il faut que je me réjouisse au-dessus du temps », écrivait Jan van Ruusbroec au XIVe siècle. La vraie réussite était atemporelle : un individu tirait orgueil de ce qui lui permettait de prendre le large sur les circonstances,

1. *Ibid.*

de ce qui lui vaudrait de n'être pas oublié, et ainsi de parler à tous les temps – de devenir « immortel » : une action d'éclat, politique ou morale ; une belle œuvre d'art...

La vertu antique consistait à s'affranchir de son époque. La vertu moderne consiste à être assez adaptable, assez souple, assez plastique, pour coïncider absolument avec elle. L'essence de la modernité se trouve contenue dans le phénomène de la mode : les deux termes ont d'ailleurs la même racine étymologique. Être à la mode, c'est la qualité de ce qui « s'accommode à l'heure », de ce qui s'ajuste exactement au mouvement le plus récent, dans son caractère éphémère. À qui veut suivre une telle ligne de conduite, elle impose un mouvement permanent : car ce qui est aujourd'hui en vogue sera demain absolument démodé. Ne pas être assez rapide, c'est prendre le risque d'être bientôt dépassé.

La modernité s'accomplit aujourd'hui en faisant triompher ce principe si singulier dans toutes les activités humaines. La mode est la morale des modernes. Elle ne gouverne pas seulement les comportements vestimentaires ; elle oriente l'économie, à travers l'impératif indiscuté de l'innovation, qui accompagne et oriente les pratiques de consommation. Elle s'impose à la vie intellectuelle : nous avons sans doute plus peur d'être ringards que d'être dans l'erreur... Il y a des vérités qui ont simplement le tort de n'être pas d'actualité, et qui, prononcées à contretemps, passent pour d'impardonnables fautes de goût.

L'art, en particulier, prétendait surplomber le passage du temps : le propre d'une grande œuvre, d'un classique, semble être précisément d'échapper aux circonstances de sa création, pour parler à toutes les époques. L'artiste cherchait à survivre à l'éphémère, et Du Bellay pouvait dans *Les Regrets* définir l'inspiration poétique comme « cet honnête désir de l'immortalité ». Mais l'idéal abstrait de la beauté s'est évanoui : trop classique, trop daté. L'œuvre n'a pas pour but d'être belle, mais d'entrer en résonance avec son temps, d'exprimer ses préoccupations, de s'ajuster à l'instant... Et finalement, parce que tout chef-d'œuvre est irréductiblement symbole de durée, la passion de l'immédiateté finit par abolir l'œuvre elle-même pour mieux rejoindre l'éphémère. L'art contemporain se constitue d'une part événementielle de plus en plus marquée, et la création finit par se trouver contenue tout entière dans le mouvement de la performance.

Enfin, le phénomène de la mode règne désormais sans partage sur l'activité politique. Le but de la loi n'est plus d'atteindre une forme d'idéal intangible, mais de se mettre à jour sans cesse pour « s'adapter aux évolutions de la société », pour se conformer aux pratiques du moment. La faute politique, désormais, n'est pas de changer d'avis : au contraire, la seule erreur impardonnable, c'est de ne pas changer d'avis assez vite. Une conviction politique universellement reconnue comme raisonnable et légitime peut devenir intolérable en l'espace de quelques années seulement ; malheur à celui qui ose porter une même conviction dans la durée : comme celui qui porte encore des vêtements à la mode d'hier, il est sûr d'être bientôt dépassé. Et comme le mouvement est relatif, c'est celui qui reste immobile qu'on accusera de « déraper. » Ne pas vouloir s'adapter, c'est choisir d'être démodé. Et pour la conscience moderne, ce n'est pas seulement une faute de goût : c'est surtout une faute morale. Celui qui veut simplement rester lui-même, celui-là est déjà coupable.

Cette injonction de s'adapter au flux pour survivre sur le terrain dangereux de la politique, c'est l'un des premiers penseurs de la modernité qui l'a formulée, de façon transparente : il s'agit de Machiavel. Dans *Le Prince*, le conseiller florentin assume une rupture radicale avec la philosophie politique classique. On avait jusque-là cherché à dessiner « la cité idéale », et avec elle les vertus atemporelles du bon gouvernant. Mais pour Machiavel, la politique n'est jamais le lieu d'une recherche théorique de l'idéal : elle est la confrontation avec un monde marqué par le changement perpétuel, imprévisible et brutal, de ce qu'il appelle « la fortune ». Fascinante proximité historique : à travers ce concept, il anticipe, une dizaine d'années avant le *De revolutionibus* de Copernic, l'entrée de la pensée occidentale dans l'univers du mouvement perpétuel. La fortune est le nom de ce « branle perpétuel » qui règne sur les affaires humaines. Chance, destin, hasard, elle est un torrent qui peut tout renverser, qui peut prendre des détours divers et porter des coups inattendus. Rien n'est jamais définitivement acquis ou stabilisé : tout change sans cesse. Par conséquent, il n'y a de vertu politique, nous dit Machiavel, que dans le fait de s'ajuster au tour chaque fois nouveau que prennent les choses, de s'adapter à l'instant.

L'un des chapitres conclusifs du *Prince* est intitulé : « Combien, dans les choses humaines, la fortune a de pouvoir, et comment on peut y résister ». Machiavel constate : « Il n'est pas extraordinaire de voir un prince prospérer un jour et déchoir le lendemain, sans néanmoins qu'il ait changé, soit de caractère, soit de conduite[1]. » Car si les circonstances évoluent, ce qui était hier une grande qualité politique peut devenir un immense défaut. Une méthode qui fonctionnait hier peut être catastrophique aujourd'hui. Selon les situations, on peut admirer ou détester tel ou tel trait de caractère dans le prince, le louer ou le mépriser pour une même attitude. Le bien ou le mal ne sont plus dans les actions elles-mêmes, mais dans leur ajustement ou non aux circonstances. De deux personnes qui agissent de la même manière, l'une peut réussir et l'autre échouer, si les circonstances ont évolué.

Par conséquent, la grande vertu du gouvernant, c'est de changer assez vite pour être toujours en accord avec ce qu'exige son temps. « Si nous pouvions changer de caractère selon le temps et les circonstances, la fortune ne changerait jamais. » Voilà la clé de la politique machiavélienne. Elle est la première doctrine politique à assumer totalement le basculement dans le monde du mouvement, et le relativisme qui l'accompagne : rien n'est jamais bon ni mauvais dans l'absolu. Tout est affaire de circonstances : puisque tout ne cesse de changer, dans le mouvement perpétuel, il y a des moments où l'adresse et la patience sont une bonne méthode – et d'autres moments où la violence en est une meilleure. Le bien ne se trouve plus dans un idéal abstrait, mais dans l'ajustement au flux, à l'instant. « Je crois, conclut Machiavel, qu'est heureux

1. Cette citation et les suivantes sont tirées du *Prince*, Folio/Gallimard, 2007, chap. 25.

celui qui adapte sa manière d'agir aux particularités de son époque ; et pareillement, est malheureux celui dont la manière d'agir est en désaccord avec l'époque. »

Être en accord avec l'époque : c'est là l'impératif que nous recevons, en modernes, de Machiavel. Avec moins de lucidité toutefois : contrairement à lui, c'est sans nous l'avouer que nous plaçons nos convictions de citoyens et nos engagements politiques sous l'exigence du moment – sous l'exigence de ce qu'on peut appeler, au sens large du terme, les modes qui se succèdent. Cette influence est à la fois évidente empiriquement, et largement inconsciente : évidente, puisqu'il suffit de comparer, par exemple sur ce qu'on appelle ordinairement les questions de société, les représentations majoritaires qui prévalent aujourd'hui et celles qui avaient cours hier, pour considérer à quel point se transforment rapidement nos convictions politiques, morales, anthropologiques, nos idées sur l'organisation de la cité ou la réussite personnelle. Ce qui faisait consensus hier peut être banni aujourd'hui : c'est le principe même de la mode. Le seul impératif est de se plier à l'ordre du jour ; il vaut, en tant qu'il est du jour. La mode n'a pas d'autre qualité que d'être d'actualité. C'est aussi pour cela que nous nous refusons à penser, contre toute l'évidence empirique, notre propre soumission à cet impératif nouveau : cela signifierait concrètement que nous admettons, dans l'instabilité de nos certitudes du moment, que nous ne sommes pas les auteurs de nos propres convictions, que nous dépasserons peut-être bientôt les idées qui nous animent maintenant, et qu'ainsi nous réprouverons demain celui que nous sommes aujourd'hui.

C'est bien de réprobation qu'il s'agit. La modernité est l'univers dans lequel le mouvement prend toute la place, à la fois comme un fait et comme une norme. Le mouvement est tout ce qui est, et tout ce qui doit être. Malheur à celui qui n'est pas assez mobile, pas assez souple et adaptable, pour se couler dans le flux : il constitue une objection vivante à ce monde nouveau, à ce monde du nouveau, qui ne lui pardonnera pas de rester comme un fossile encombrant au milieu de l'innovation triomphante. La modernité se caractérise par une immense colère contre ce qui ne se met pas à son rythme.

C'est cette colère qu'a décrite le journaliste David Goodhart dans un livre intitulé *The Road to Somewhere* (« Le chemin vers quelque part »)[1]. Dans cet essai politique, Goodhart décrit ce qu'il perçoit comme le nouveau clivage qui traverse les sociétés occidentales : il y a d'un côté les « gens de n'importe où », les *Anywhere*. Ils sont issus généralement de catégories sociales aisées, urbaines ; ils sont diplômés et formés pour tirer le meilleur parti de la mondialisation. Ils ne s'identifient à aucun lieu particulier, et se sentent citoyens du monde ; ils circulent souvent et facilement pour leur travail ou leurs loisirs, et ils seront à leur aise avec leurs semblables dans n'importe quelle grande ville sur la planète. De l'autre côté, il y a les *Somewhere*, les

1. David Goodhart, *The Road to Somewhere*, Londres, C. Hurst & Co, 2017.

« gens de quelque part ». Moins aisés, moins formés, habitant plutôt les périphéries ou les zones rurales, ils exercent des métiers peu qualifiés, ceux qui sont les plus faciles à automatiser ou à délocaliser ; mais eux-mêmes n'ont pas été formés pour s'adapter à un marché de l'emploi mondialisé, et leur survie économique et sociale dépend d'écosystèmes locaux, de solidarités familiales, auxquels ils sont liés. Pour eux, ce monde mouvant, dirigé par la domination sans partage des *Anywhere*, est un univers inquiétant. Or l'insécurité économique et culturelle dans laquelle ils sont plongés sans moyens de défense est ignorée par les élites, qui regardent avec mépris cette incapacité à se mettre en mouvement. Pour les « gens de n'importe où », être « de quelque part » c'est refuser l'ouverture, choisir le repli sur soi ; c'est aussi nier la réalité d'un monde en mouvement, le caractère inéluctable de la « globalisation », de la disparition des particularismes périmés dans le grand flux des échanges, auquel rien ne peut échapper.

Goodhart, journaliste et intellectuel issu de la gauche britannique, ne prétend pas prendre parti dans cette nouvelle configuration du débat public : il cherche seulement à décrire ce qu'il interprète comme une forme de ressentiment des classes sociales les plus aisées contre leurs concitoyens incapables de s'adapter. Le monopole culturel et médiatique des *Anywhere* n'empêche pas en effet que soit de plus en plus contesté leur leadership sur le plan politique : mais cette contestation est décrite comme la montée d'un populisme inquiétant, ou d'une contagion réactionnaire. Le simple fait de prendre en compte le sentiment d'insécurité éprouvé par les classes sociales périphériques a longtemps été considéré comme une forme de démagogie scandaleuse.

Dans un monde de flux, profondément solidaire de l'accomplissement de cette modernité que nous cherchons à décrire, tout ce qui bouge est une opportunité ; tout ce qui ne bouge plus est mort. Rien de ce qui va et vient ne peut jamais être une menace, et il faut être rétrograde, frileux, déprimé, pour s'inquiéter de ce qui est en mouvement. Un exemple illustre de façon parfaite ce parti pris absolu : c'est celui des « migrations ». Il est d'ailleurs symptomatique que médias, intellectuels et politiques ne parlent plus d'émigration ou d'immigration : dans un espace mondialisé, il n'y a plus de référentiel déterminé. Un homme vient de « n'importe où », il ne saurait donc être émigrant ; et il n'arrive jamais « quelque part » où vivraient des sédentaires parmi lesquels il s'agirait d'immigrer. Étonnamment, le *ex-* et le *in-* ont littéralement disparu. Dans le monde rêvé de la modernité accomplie, nous sommes tous, toujours, en mouvement : nous sommes tous des migrants. Il n'y a plus de début et de fin du mouvement, seulement le mouvement lui-même, la migration devenue condition commune, au point qu'elle ne peut plus être polarisée entre des lieux fixes et stables qui pourraient l'orienter.

Le concept même de « migrant » ne peut pourtant être qu'une aberration coupable. Personne n'est défini par l'errance ; tout homme vient bien « de quelque part », et s'il se déplace c'est pour aller vers un lieu précis, identifié comme un asile sûr, comme un refuge, comme une promesse. Il n'y a pas de « migrants », il n'y a que des immigrants qui sont en même temps des émigrants, des personnes condamnées à l'exil, expulsées de chez elles par la guerre, la persécution ou la misère – ou peut-être par les mirages que nous leur tendons comme un piège. Que des humains préfèrent encore tout perdre et risquer leur vie sur terre ou sur mer pour arriver loin de chez eux, voilà qui suffit à montrer combien ce départ est contraint, que ce soit par l'ampleur de leur détresse, ou par la dangerosité de ce mirage… Et cependant, tout ce que le monde occidental contient d'enthousiasme moderne a trouvé l'occasion de se réjouir de ces mouvements de population – puisque tout ce qui bouge est bon. Comme si l'on pouvait comparer les déménagements de l'expatrié à l'errance du réfugié, nous avons par volonté d'ouverture regardé le phénomène migratoire lui-même comme une opportunité, en choisissant d'ignorer volontairement ce qu'il contenait d'arrachement forcé. Et ainsi nous en sommes arrivés, par un tour de force inouï, à décrire même le plus tragique des déplacements comme une opportunité heureuse. « Les migrations sont une chance » : ce titre d'un article paru en 2011 dans *Le Monde* exprime ce qu'ont répété en chœur tant de gouvernants et de médias européens pendant les dernières décennies. Notre passion pour le mouvement a fini par nous aveugler. Si nous renoncions à cette fascination pour considérer avec plus de lucidité la réalité des itinéraires humains, nous ne pourrions que refuser une telle idéalisation : ces itinéraires ne sont une chance que s'ils ne nous obligent pas à perdre l'univers familier qui constitue l'une des premières conditions de nos vies ; ils ne sont une promesse que s'ils ne voient pas s'évanouir le point d'arrivée espéré à mesure que nous l'approchons. Tout mouvement n'est pas un progrès.

IV

POLITIQUE DU PROGRÈS

« Je suis triste pour ma génération qui est vide de toute substance humaine. »

Le nouveau sophisme naturaliste

Ce qui avance est préférable à ce qui est immobile. Ce qui arrive est préférable à ce qui existe déjà. Ce qui sera demain sera forcément meilleur que ce qui était hier. Ces affirmations sont les expressions synonymiques d'un seul et unique principe, celui d'un progrès constant qui caractériserait l'histoire humaine, dans toutes ses dimensions. Une telle idée est le résultat, dans notre conscience collective, de la fascination que nous partageons pour le mouvement, le changement. Ce qui n'a pas encore changé est forcément moins bien que ce qui vient d'apparaître : la modernité a fait émerger cette vision du monde. En la décrivant comme un « progressisme », on ne désigne pas le désir de faire des progrès, bien sûr ; une telle conviction serait une évidence absolument triviale. Qui ne souhaite pas faire des progrès, et voir la société progresser ? Ce n'est donc pas en cela que réside le progressisme, mais dans la certitude que l'histoire est par définition l'occasion d'un progrès, qui s'accomplira nécessairement à condition qu'on veuille bien laisser s'accomplir les transformations qui se présentent à nous.

Peut-être aurons-nous le sentiment que cette « religion du progrès » ne s'exprime plus aujourd'hui. Pourtant, elle constitue le soubassement de l'optimisme généralisé dont l'injonction nous est sans cesse répétée, et auquel nous adhérons volontiers de peur de passer pour un esprit frileux, rétrograde, ou réactionnaire. Pour être en phase avec son temps, bien dans son époque, il convient d'être optimiste. Ne pas épouser cet optimisme reviendrait à choisir la dépression.

Mais observons ce que notre optimisme a de singulier : ce tour d'esprit n'est plus celui d'un Leibniz, tourné en dérision par Voltaire à travers le docteur Pangloss de *Candide*, qui affirme à chaque instant que « tout va pour le mieux dans le meilleur des mondes possibles ». Pour se montrer fidèle au dogme nouveau de la religion du progrès, il importe plutôt d'affirmer que le monde sera meilleur demain qu'aujourd'hui – et qu'il est déjà meilleur aujourd'hui que ne l'était le monde d'hier. Là encore, cet optimisme n'est pas d'abord un constat, le fruit d'une observation du réel : il ne s'agit pas de l'optimisme raisonné de celui qui, dans une incertitude ponctuelle, a suffisamment d'indices pour croire que les choses vont bien tourner. On peut avoir des raisons d'être optimiste quand on est prêt à réussir un examen, ou qu'on semble en bonne voie de guérir d'une maladie. Cet optimisme-là appelle des raisons ; à l'inverse, ce que le progressisme implique, c'est un optimisme de principe, qui doit l'emporter sur nos inquiétudes, quelle que soit la situation – et même, s'il le faut, contre toutes les raisons d'être inquiet.

Cet optimisme est une conséquence logique de la

modernité comme passion du mouvement, de l'instant, de l'immédiat. Il prolonge l'amour de l'actualité en tant qu'elle est d'actualité – et donc nécessairement préférée à un passé déjà périmé, et toute prête à être dépassée au profit de l'actualité de demain. Il constitue surtout une injonction : être optimiste est une vertu, la norme de pensée consubstantielle au progressisme. L'innovation, l'avancée, le mouvement, doivent être regardés avec confiance, avec enthousiasme ; la seule inquiétude qui puisse rendre pessimiste un progressiste, c'est le risque qu'il y ait trop de pessimistes, et qu'ils finissent par barrer la route du futur.

Au XVIIIe siècle, le philosophe anglais David Hume critiquait, dans le *Traité de la nature humaine*, ce qu'on appellera plus tard le « sophisme naturaliste » ; dans beaucoup de raisonnements moraux, avertissait-il, se trouvent articulés le fait et le droit : ce qui est, et ce qui doit être. Jamais ce que l'on observe dans le réel, affirmait Hume en substance, ne peut servir de fondement à ce que nous décrivons comme bien ou mal. Ce n'est pas parce qu'une chose existe que cette chose *doit* exister, ce n'est pas parce qu'un comportement a lieu qu'il *doit* avoir lieu. Ce que visait Hume, c'est l'idée que nous pourrions nous faire de la nature comme une norme : lorsque nous regardons un certain type d'action ou de comportement comme naturel, nous englobons dans ce mot à la fois un constat et une règle. Reconnaître, par exemple, qu'il est naturel que les plus forts dominent les plus faibles, ce serait affirmer en même temps que c'est ainsi que les choses se passent, et que c'est ainsi qu'elles doivent se passer. Or, nous avertissait Hume, un principe moral ne peut jamais se déduire d'un constat, d'une observation : de ce que le monde est ainsi et non autrement, nous ne devons jamais en conclure qu'il doit être ainsi parce que la nature des choses l'exige. Ce faisant, Hume venait saper l'autorité morale de la tradition en tant que telle – ce n'est pas parce qu'un acte est devenu habituel qu'il doit être regardé comme une norme ; et il s'attaquait ainsi directement au réflexe conservateur.

Il me semble qu'aujourd'hui le paradigme s'est totalement renversé, au point que le progressisme moderne verse dans le sophisme opposé ; l'optimisme que nous décrivions pourrait en effet être formulé dans le principe suivant : « ce qui va arriver est forcément meilleur que ce qui existe déjà ». Les innovations de la science, de la technologie, les révolutions dans le domaine de l'éducation, les transformations de la société, les mutations de la politique vont se produire : il est interdit d'en avoir peur. Au contraire, la confiance est obligatoire, l'optimisme est de rigueur : c'est dire que non seulement ces changements vont arriver, mais qu'ils doivent arriver, et qu'il est nécessairement bon qu'ils adviennent.

Un tel raisonnement n'est pas moins erroné que le sophisme naturaliste, bien sûr. Il commence d'abord par présupposer que l'avenir nous est déjà connu – alors même que le propre de l'innovation, comme l'a montré toute l'expérience humaine, à commencer par la plus récente, a pour première propriété d'être imprévisible. Ce caractère imprévisible est d'ailleurs parfaitement logique : si nous pouvions prédire ce que seront les grandes découvertes de demain, elles seraient déjà réalisées… Bergson, à qui on demandait un jour de décrire l'avenir de la littérature, répondit qu'il n'en savait rien ; et lorsque le journaliste qui l'interrogeait, dépité, se contenta de lui demander au moins à quoi ressemblerait la grande œuvre dramatique de demain, il lui répondit : « Si je savais ce que sera la grande œuvre dramatique de demain, je la ferais[1]. » L'innovation qui marquera l'avenir n'est pas un possible à pressentir ; elle deviendra possible avec le génie de l'inventeur. Mais alors, si les nouveautés qui naîtront demain sont encore inexistantes et imprévisibles, comment affirmer par avance qu'elles seront nécessairement bonnes ?

Le progressisme est un raisonnement erroné en ce sens qu'il confond lui aussi deux registres de discours : le propos factuel qui tente de décrire ce qui *va* arriver, et l'évaluation morale qui caractérise comme bon tout ce qui *doit* arriver. Cette confusion se trouve parfaitement exprimée dans le concept même de « progrès », qui sert à désigner le changement, et simultanément à le qualifier positivement. Dans ce terme même de progrès, transformé en système de pensée, se trouve notre nouveau paralogisme : cette fois-ci, il ne s'agit pas d'un sophisme naturaliste mais, pourrait-on dire, d'un sophisme anti-naturaliste : car si la nature est ce qui existe avant tous les changements causés par l'intelligence humaine, si la nature est par excellence la figure de ce qui précède les nouveautés qui font irruption avec notre capacité d'invention, alors on

1. Henri Bergson, « Le possible et le réel », *in La Pensée et le mouvant*, PUF, 1938, p. 113.

peut dire que la nature est par excellence ce qu'il s'agit désormais de remplacer, de défaire, de dépasser. Affirmer que ce qui existe doit exister, c'est évidemment une erreur de raisonnement ; mais le contraire d'une erreur n'est pas forcément une vérité : et en l'occurrence, affirmer de manière opposée que ce qui existe doit être remplacé, que l'innovation est forcément un bien – regarder l'histoire comme étant forcément l'occasion d'un progrès, c'est aussi une erreur de raisonnement, non moins absurde, et non moins dangereuse.

Le mirage du progrès

Or il nous arrive bien souvent de commettre cette confusion, et nous le faisons presque à chaque fois que nous parlons de ce qu'il est convenu d'appeler le « progrès technique » par exemple. En réalité, parler d'un progrès – c'est-à-dire de quelque chose qui apporte un bien nouveau, un mieux – suppose de se référer à une idée du bien qui nécessairement est extérieure, et même antérieure, à la chose que l'on considère. Pour le dire autrement, et d'une façon très simple, rien n'est en soi un progrès. Nous ne pouvons parler de progrès qu'en rapport à ce que nous considérons, dans l'absolu, comme un bien. C'est ce que prouve la démonstration étonnante, à la lisière de l'anthropologie et de l'économie, du philosophe polonais Radkowski, dans un texte trop oublié, intitulé *Les Jeux du désir*[1]. En explorant les traits essentiels de « l'attitude technique », Radkowski en vient à contester l'idée même de « progrès technique ». En réalité, la technique est ce par quoi nous créons des possibilités nouvelles, autres que celles qui existaient dans la nature ou dans l'état précédent de nos savoir-faire. Pour l'être humain, le fait de se tenir debout et de marcher sur ses deux pieds, par exemple, est une attitude naturelle ; mais nos déplacements ne se résument pas à ce seul moyen : à ces premiers mouvements que sont la marche ou la course, la technique ajoute la maîtrise de l'art équestre, puis l'invention de la roue, qui donnera naissance à de nouveaux modes de transport. La technique produit donc une pluralité d'options ; cependant, elle ne supprime pas les contraintes : elle les déplace seulement. Chaque dispositif technique comporte en effet ses propres contraintes : monter à cheval est risqué et fatigant, rouler en voiture suppose de consommer de l'essence, prendre un billet de train peut coûter cher… C'est à partir de la diversité de ces contraintes que nous prenons une décision : quand il faut se déterminer parmi plusieurs options disponibles, on peut choisir de dépenser plus d'argent pour gagner du temps, ou de passer plus de temps pour perdre moins d'argent. Le champ des possibles que la créativité technique avait ouvert, l'impératif économique le referme, à partir d'une seule préoccupation : sur quoi acceptons-nous de faire porter la contrainte ? Que choisissons-nous

1. Georges-Hubert de Radkowski, *Les Jeux du désir*, PUF, 1980.

d'épargner, de conserver – d'économiser ? Quel bien est le plus précieux pour nous ?

La réponse à cette question peut être largement affaire de situations, et c'est pourquoi il n'y a pas de solution technique qui soit un *progrès* dans l'absolu ; tout dépend du bien qu'il s'agit de privilégier. Supposons que je veuille me déplacer : si je veux gagner du temps, la voiture est indéniablement un progrès par rapport à la marche à pied, parce qu'elle me permet d'aller plus vite. Mais si les ressources que je privilégie sont, plutôt que mon temps, les énergies fossiles, ou ma santé, ou bien tout simplement mon attention au monde qui m'environne et dans lequel je me déplace, alors la marche à pied peut être infiniment préférable à la voiture.

La prédiction de Radkowski se vérifie pleinement, quelques décennies plus tard : nous sommes, dans bien des domaines, en train d'abandonner ce que la modernité considérait comme un progrès technique absolu, en redécouvrant des modes de transport qu'on pouvait croire archaïques, des méthodes oubliées en matière d'agriculture, des habitudes de production et de consommation héritées de savoir-faire ancestraux… Le remplacement de l'artisanat par l'industrie ne nous apparaît plus comme une incontournable promesse d'efficacité ; les dirigeants des grandes villes regardent désormais la voiture comme un problème, et le vélo comme un avenir ; nous préférons les circuits courts à la mondialisation du commerce, et le développement de ce que nous appelons le « bio » n'est rien d'autre, en réalité, qu'une manière étourdie de décrire un simple retour à des pratiques agricoles qui précédèrent le développement de la mécanisation et de la chimie… Nous sommes nombreux à considérer que le caractère durable d'une production qui respecte l'environnement, la sérénité de nos villes, notre santé et celle de nos enfants, la juste rémunération du travail, ou encore le caractère singulier des objets qui nous environnent, sont des critères qui comptent pour nous plus que la standardisation des produits, leur disponibilité constante ou la rapidité avec laquelle sont satisfaits nos désirs.

En réalité, nos choix seront toujours contraints par des limites que la technique n'abolit jamais, qu'elle ne fait que déplacer. Toute nouvelle configuration technique comporte un nouvel ordre de contraintes : nous disposons aujourd'hui de moyens de transport bien plus rapides et accessibles que nos prédécesseurs il y a encore un ou deux siècles ; et pourtant, paradoxalement, nous n'avons jamais consacré autant de temps chaque jour à nous déplacer. C'est que l'apparition de ces nouveaux modes de transport, en modifiant notre rapport au travail et à nos activités quotidiennes, a rendu nécessaires des trajets bien plus fréquents. Puisque l'innovation technique n'abolit jamais les contraintes mais nous permet seulement de les déplacer, alors une solution bien plus ancienne, et même archaïque, peut apparaître finalement comme le seul vrai progrès – elle peut être infiniment meilleure que l'innovation la plus récente, si elle permet de protéger ce que nous considérons comme essentiel et prioritaire.

En réalité, le progrès technique n'existe pas – et moins encore l'idée naïve que nous nous en formons parfois, celle d'une histoire linéaire, continue, progressive, du développement humain par l'innovation technique. Ce n'est pas parce qu'une pratique est plus récente qu'elle doit être préférée. Si nous la préférons, il faut nous demander à chaque fois : quel critère suis-je en train de privilégier ? Et en retour, quelle ressource ai-je accepté de sacrifier ? Un tel arbitrage peut bien sûr nous conduire légitimement à adopter une innovation technique ; mais pour rester libre face à elle, il faut qu'il s'agisse bien d'un arbitrage volontaire et conscient. Rien n'est plus aliénant à l'inverse que l'illusoire évidence du progrès. Qu'il y ait des innovations, c'est un fait ; mais elles ne peuvent être décrites comme un progrès que relativement à un choix, dont nous sommes tous responsables : la définition de ce que nous considérons comme une priorité à respecter, comme une ressource à préserver, comme un bien à conserver.

Un optimisme nihiliste ?

L'idée de progrès décrit le changement à la fois comme fait et comme valeur, comme réalité et comme norme. Elle est érigée en système par la modernité, en ce sens que nous l'avons définie précédemment comme la conception du monde qui ne considère et ne valorise que le mouvement. Cette conception du monde ne caractérise plus aujourd'hui une sensibilité politique ou culturelle plutôt qu'une autre, elle traverse toutes les sociétés occidentales. En fait, pour évoquer nos choix d'aujourd'hui et notre regard sur l'avenir, nous n'avons pas d'autre vocabulaire à notre disposition que celui du progressisme. Même à ceux qui, de leur propre point de vue, n'ont aucune raison d'être optimistes – même aux *Somewhere* décrits par Goodhart – il est difficile de formuler une proposition alternative. Les représentants politiques qui tentent de les mobiliser se contentent d'invoquer les intérêts de classes sociales qui cherchent à se défendre face à la mondialisation, mais ils en restent à cette pure réaction ; ils ne proposent pas de vision de l'histoire. Sur le plan de la philosophie politique, il n'y a pas aujourd'hui de perspective alternative au progressisme. Paradoxalement, ceux qui le combattent en revendiquant le désir de ralentir ou de figer l'évolution de la société, voire de « revenir en arrière », épousent par là la conception moderne de l'histoire : ils la décrivent eux aussi comme un parcours linéaire dont l'orientation serait déterminée d'avance, et, parce qu'ils refusent cette orientation, ils préféreraient rebrousser chemin. Mais dire non au progrès, c'est encore admettre son existence ! Une telle réaction ne parvient pas en tous les cas à répondre au progressisme par une autre conception du monde qui puisse être positivement proposée.

L'injonction à l'optimisme ne rencontre donc, pour ainsi dire, aucune réponse positive. Pourtant, cet optimisme est-il lui-même si « positif » ? Qu'est-ce qui se joue réellement dans cet enthousiasme de la modernité pour le mouvement, conçu par nature comme progrès ?

Le problème que pose cet optimisme de principe, c'est qu'il nous empêche de formuler clairement des questions pourtant décisives quant à ce qui se présente à nous comme un progrès. Quel critère choisissons-nous de privilégier dans nos décisions, individuelles et collectives ? Quel bien choisissons-nous de préserver ? En réalité, la rhétorique du progrès rend ces questions sans objet : il ne peut même plus y avoir, dans ce que nous possédons, de bien à préserver, car tout ce que nous possédons déjà ne peut que se trouver inéluctablement dépassé, disqualifié, dévalué, par ce qui est encore à venir. De ce point de vue, il est facile de constater que le « progrès technique » a pour premier effet, non de nous enrichir, mais de nous appauvrir : à travers lui, les objets que nous possédons perdent peu à peu de leur valeur. Plus le progrès est rapide, plus cette dévaluation est marquée. Elle ne dépend pas, fait nouveau, de l'usage et de l'usure des choses, mais seulement de leur dépassement irrémédiable par d'autres produits, plus récemment inventés, et au regard desquels, même en parfait état, leur valeur s'est évanouie. Cela apparaît de façon transparente dans le domaine des nouvelles technologies, où s'accomplit à la perfection le mouvement permanent dont notre modernité s'enthousiasme : c'est aussi dans ce domaine que l'idéal de la conservation, de la préservation – de l'*économie* au sens rigoureux de ce terme, en fait – a perdu toute signification. Si vous devenez propriétaire d'un objet technologique dernier cri, ce qui peut généralement représenter un coût élevé, il ne sert à rien de tenter d'en conserver la valeur en l'utilisant le moins possible.

Mettez un smartphone tout neuf dans un coffre-fort pour éviter absolument qu'il ne s'abîme, protégez-le le mieux possible : malgré tout, en quelques années, il aura perdu presque toute sa valeur initiale. Vous aurez beau ne pas l'user, ne même pas l'utiliser, vous ne pouvez le protéger de cette dévaluation radicale : elle est tout simplement l'effet du « progrès technique ». Des innovations plus récentes auront doté les nouveaux modèles de qualités supposées indispensables, en comparaison desquelles les caractéristiques de l'objet que vous possédez paraîtront désormais dérisoires. Bien sûr, l'inventivité humaine nous offre sans cesse de nouvelles options, et il y a là le signe d'une créativité magnifique. Mais lorsque cette créativité se transforme en mouvement perpétuel, il faut en considérer toutes les conséquences : contrairement à ce que nous pourrions penser, le « progrès technique » ne nous enrichit pas ; bien au contraire : il fait fondre littéralement la valeur des objets que nous avons acquis. « À peine les tenons-nous entre nos mains, écrit Radkowski, que nos richesses se fanent, tombent en désuétude, choses usées avant d'avoir vraiment servi. »

De là, nous pouvons mieux saisir l'ampleur du problème que pose notre fascination commune pour le changement. Le sophisme naturaliste, avons-nous dit, commettait l'erreur de consacrer l'être, et de le figer dans les apparences d'une nature immuable. Mais le sophisme progressiste commet l'erreur contraire : il fait par principe confiance à l'avenir ; il bénit d'avance ce qui sera, ce qui n'existe pas encore, et se réjouit de ce qui n'a pas encore été inventé. Or la première conséquence de cet espoir placé dans le progrès, c'est la dépréciation immédiate de ce qui existe déjà – de ce qui est là, dans nos mains, sous nos yeux. Et ce n'est pas qu'une question de valeur marchande : c'est tout notre regard sur le réel qui se trouve profondément altéré, et appauvri.

Affirmer que le changement, en tant que tel, vaut mieux que la stabilité, ne peut que nous conduire à oublier la valeur de ce qui est – de ce qui est déjà présent, de ce qui existe réellement. Bien sûr, aucune réalité n'est parfaite, et le présent comporte nécessairement de nombreuses raisons de s'indigner ou de se révolter, de nombreux fronts sur lesquels des améliorations sont non seulement possibles, mais souhaitables, nécessaires, impératives même. Cependant, nous l'avons dit, le progressisme ne consiste pas à vouloir faire des progrès ; ce qui le définit, c'est la certitude que le passé et le présent sont par définition moins lumineux que l'avenir. Et c'est précisément par là qu'il constitue un sophisme dangereux : croire par principe dans la supériorité de l'avenir, c'est ignorer qu'il y a dans l'héritage de l'histoire, et dans la réalité du présent, des biens infinis qui méritent d'être admirés, d'être protégés et transmis. Nous enjoindre sans cesse d'aller toujours de l'avant, c'est déprécier du même coup tout ce que nous avons en partage, ici et maintenant. Supposer que demain sera forcément meilleur qu'aujourd'hui, c'est dire le peu de considération que nous avons pour aujourd'hui...

En ce sens, notre optimisme est un nihilisme : il décrète que ce monde ne vaut rien, puisque tout autre monde sera meilleur. Il n'y a pas d'hésitation à avoir, d'incertitude possible sur le sens de l'histoire : il faut choisir le changement par parti pris, parce qu'il va arriver et parce qu'il doit arriver. Une telle perspective refuse de considérer que nous ayons des biens qu'il faudrait prendre en compte dans un choix, dans un discernement à mener ; c'est donc supposer que nous n'avons rien à perdre – c'est supposer que nous n'avons rien du tout, en réalité. C'est ramener tout l'être au néant, en ne donnant de crédit qu'à ce qui n'est pas encore. Et, derrière les apparences d'un discours positif, enthousiasmant, ce nihilisme est définitif : car l'optimisme demain nous refera la même promesse d'avenir, réduisant ainsi à rien tout ce que d'éventuels progrès auront pu rendre présent. Le progressisme est une tension vers l'avenir : et il est d'autant plus conforme à son essence, qu'il ne se connaît pas de point d'arrivée qui viendrait achever son mouvement. Il ne cessera donc jamais de regarder le réel comme ce qu'il faut dépasser – et de ce fait, comme ce qu'il faut mépriser. Même l'innovation la plus récente est rapidement dédaignée, par le seul fait qu'elle est une réalité, et non plus une promesse. Plus le rythme du progrès technique accélère, plus s'accélère avec lui ce délaissement du réel. Ainsi le nouveau possesseur du dernier produit technologique se lasse-t-il fatalement de l'objet qu'il vient d'acquérir, comme un enfant vite oublieux de ce qu'il avait tant désiré ; les nouveautés qui nous faisaient rêver il y a encore peu de temps, nous paraissent bientôt dérisoires et sans intérêt. Dans notre rapport aux choses, aux biens et aux êtres, nous ressemblons à ces « voyageurs traqués » dont Montherlant décrit l'interminable manège : « Tout ce qui est atteint est détruit. Je vais à tâtons, comme dans colin-maillard, et ce que je prends dans mes bras à l'instant sort du jeu[1]. » *Tout ce qui est atteint est détruit.* Tout ce qui est acquis est perdu. Tout ce qui est réel doit être dépassé.

En cela, la passion moderne pour le changement est d'abord une forme de ressentiment. Toute l'œuvre philosophique de Nietzsche a montré la force incroyable de ce ressort psychique négatif : le ressentiment, c'est le refus d'accepter que les choses soient ce qu'elles sont. C'est une incapacité maladive à accepter le réel, à le reconnaître, à dire *oui* à ce qu'est le monde et à ce que nous sommes en lui – à le reconnaître, non pour se résigner passivement à tout ce qui nous arrive, mais pour prendre en charge ce réel qui précède nos choix et dans lequel notre liberté peut s'inscrire. Le ressentiment s'oppose absolument à cet effet de reconnaissance ; il est mortifère, car il nous emprisonne dans sa logique réactive et nous pousse à fuir la vraie vie en nous réfugiant dans des fictions, en imaginant des « outre-mondes » fantasmatiques qui ne sont que les élaborations toxiques produites par notre haine du monde. Cette haine du réel, cette révolte contre nos corps en particulier, Nietzsche en décèle les symptômes dans l'idéalisme platonicien, ou dans la religion chrétienne : ces deux doctrines ont en commun, selon lui, de nous conduire à chercher dans un autre monde – dans la vie éternelle, ou le ciel des idées – le seul accomplis-

1. Henry de Montherlant, *Les Voyageurs traqués*, 1. *Aux fontaines du désir*, Gallimard, 1961.

sement possible ; par là, elles nous conduisent à déserter le présent, en même temps qu'elles sont le symptôme d'une incapacité maladive à habiter et à aimer la vie. Le ressentiment n'est sans doute pas né avec la modernité ; mais il est certain que le progressisme contemporain en constitue une forme particulièrement achevée.

Peut-être s'étonnera-t-on d'une telle affirmation : l'idée de progrès n'est-elle pas positive, enthousiasmante ? Elle semble n'avoir rien en commun avec cette pathologie du ressentiment... Ce lien se vérifie pourtant dans quelques œuvres qui ont explicité les fondements de cet optimisme moderne. L'une d'entre elles, la plus importante, est la somme publiée en 1959 par Ernst Bloch, et intitulée *Le Principe Espérance*[1]. Dans ce texte monumental, Bloch dessine le projet d'un messianisme athée : il forme le « rêve éveillé », le « rêve en avant » d'un progrès de l'humanité vers la réalisation d'une utopie concrète. Issu du marxisme (un marxisme « ouvert et humaniste »), il critique les inégalités qui traversent le monde industriel ; mais il voit dans le développement de la technique, et par exemple dans l'émergence de l'énergie nucléaire, une promesse d'amélioration et de coopération plus grande entre les hommes, et lui accorde une confiance de principe. La réalisation de l'utopie qu'il espère ne pourra de toute façon s'opérer que « dans la lutte dialectique-matérialiste du Nouveau et de l'Ancien ». Puisqu'il faut, quoi qu'il arrive, faire triompher le nouveau monde contre l'ancien

1. Ernst Bloch, *Le Principe Espérance*, traduction Françoise Wuilmart, Gallimard, 1976.

monde, Bloch promeut « le parti pris du futur » : il se décrit lui-même comme un « optimiste militant », et, même si une telle qualification est nécessairement trop réductrice pour pouvoir résumer une œuvre aussi dense, il peut être considéré en quelque sorte comme un théoricien de l'optimisme.

Quoi de plus positif en apparence qu'un tel élan ? Pourtant, il y a dans « l'enthousiasme » que Bloch veut susciter un principe profondément négatif – un violent ressentiment. Ce qui est marquant dans une telle pensée, c'est qu'elle implique de déprécier par principe la réalité existante, qui est regardée comme totalement affligeante quand on la compare avec l'utopie que ce messianisme propose. Ernst Bloch consacre son effort à penser ce qu'il appelle le « non-encore être » ; l'être ne l'intéresse pas. La seule chose qui puisse nous intéresser dans le monde que nous connaissons, ce sont les potentialités, les tendances qu'il porte en lui, et qu'il faut mener à leur accomplissement. En attendant, comparé à la grandeur de ce que promettent nos « rêves en avant », le présent semble bien terne : il apparaît comme diminué, inconsistant. L'avenir a beau n'être encore que dans nos « rêves éveillés », il est bien plus convaincant que ce monde d'imperfections voué à disparaître. « Le monde tel qu'il existe n'est pas vrai » : cette proclamation de Bloch est profondément solidaire de son optimisme. Si tout changement ne peut être que pour le meilleur, cela signifie que nous ne possédons rien de bon, rien qui puisse être perdu en route ; il n'y a rien à perdre. Rien de réel n'a d'importance, à côté de ce qui se réalisera demain… Il ne faut donc pas penser ce qui est, il faut rêver ce qui sera ; et, reprenant le mot de Hegel, Bloch assume : « Tant pis pour les réalités. » La passion du changement implique cette négation du monde, une forme de nihilisme qui se définit d'abord comme une révolte contre l'être.

Si la modernité s'est imposée avec tant de force, c'est parce qu'elle mime profondément la structure même du désir. Il y a en effet dans tout désir la projection d'un bien à venir, au regard duquel ce que nous possédons déjà nous semble soudain bien terne. Il obéit à cette loi psychologique que nous connaissons tous, et que Proust a si bien décrite : « Le désir fleurit, la possession flétrit toutes choses[1]. » Il est tout à fait significatif que la modernité ait alimenté, comme aucune autre époque avant elle, cette mécanique du désir – ce qui se vérifie d'une manière transparente dans le domaine économique en particulier. Mais la toute-puissance de ce mécanisme psychique s'accompagne nécessairement d'une frustration indéfinie, car le mouvement du désir ne s'interrompt pas au moment où il atteint l'objet espéré – il se reporte immédiatement sur un autre. « La possession flétrit », et le seul fait qu'un rêve soit devenu réalité supprime son aspect rêvé. En ce sens, la passion de l'avenir est effectivement une révolte contre le présent ; et le désir, s'il devient notre seul mobile, nous plonge dans ce nihilisme structurel que nous tentions de décrire.

Nul n'a formulé avec plus de justesse cette équation que Jean-Jacques Rousseau, décrivant ainsi dans *La Nouvelle*

---

1. Marcel Proust, *Les Plaisirs et les jours*, 1896, Gallimard.

Héloïse cette installation revendiquée dans l'univers du désir :

> Malheur à qui n'a plus rien à désirer ! Il perd pour ainsi dire tout ce qu'il possède. On jouit moins de ce qu'on obtient que de ce qu'on espère, et l'on n'est heureux qu'avant d'être heureux. (...) Tout le prestige disparaît devant l'objet même ; rien n'embellit plus cet objet aux yeux du possesseur ; on ne se figure point ce qu'on voit ; l'imagination ne pare plus rien de ce qu'on possède, l'illusion cesse où commence la jouissance.
>
> Le pays des chimères est en ce monde le seul digne d'être habité et tel est le néant des choses humaines, qu'hors l'Être existant par lui-même, il n'y a rien de beau que ce qui n'est pas[1].

Seul ce qui n'existe pas peut être vraiment admiré, affirme Rousseau. Mais pourquoi ? En réalité, c'est notre projection dans un avenir rêvé qui disqualifie la réalité que nous habitons aujourd'hui, et nous rend incapables de nous émerveiller de ce qui est devant nous. C'est seulement parce que nous lui accolons un « nouveau monde » fantasmé, que le monde présent nous apparaît soudain ancien ; pour être plus précis, c'est à cause de ce qui n'existe pas que nous nous prenons à détester ce qui existe. Voilà le principe même de ce que Nietzsche dénonce dans le ressentiment. Or la modernité, qui pense être assez réaliste et rationaliste pour s'être libérée des outre-mondes religieux, est en fait plus malade que jamais de ce ressentiment : si l'on y regarde de plus près, bien

1. Jean-Jacques Rousseau, *La Nouvelle Héloïse*, VIe partie, lettre 8.

des fantasmes contemporains expriment avec violence ce même rejet du réel.

Cela s'incarne particulièrement dans le projet transhumaniste, qui à n'en pas douter va marquer de façon décisive nos débats politiques et philosophiques dans les décennies à venir. Nouvel idéalisme, et nouvelle religion, le transhumanisme est la forme la plus contemporaine du progressisme moderne, une expression parfaite de notre fascination pour le changement. Si rien ne doit rester immuable, alors, dans un monde déjà irréversiblement marqué par la trace de l'homme, il ne reste plus qu'à changer l'homme lui-même. Le transhumanisme est un optimisme : il professe que le meilleur est à venir, que l'homme de demain sera, grâce à la technologie qui viendra accroître ses capacités et sa durée de vie, bien plus heureux que l'homme d'aujourd'hui. Et c'est cet optimisme qui, dans les débats qui nous attendent, servira à disqualifier tous ceux qui émettront une réserve à l'égard de son utopie : après tout, nous explique-t-on déjà, le progrès a toujours fait peur. Mais vous n'avez quand même pas envie de revenir en arrière ? Il faut faire confiance, ne pas rester bloqués, immobiles, inquiets… Il faut avancer. Et puis de toute façon, cela va arriver ; et donc – sophisme progressiste – cela doit arriver : ce changement est forcément une opportunité. Comment résister à la promesse de l'« homme augmenté » ? Laurent Alexandre est l'un des promoteurs et des pédagogues du transhumanisme en France[1] ; pour ne pas s'enthousiasmer devant un tel projet, écrit-il,

1. Auteur notamment de *La Mort de la mort* (JC Lattès, 2011) et *La Guerre des intelligences* (JC Lattès, 2017).

il faut être neurasthénique, ou dépassé : « Les déprimés, les vieux, les gens sous Prozac disent : C'est terrible, on va tous mourir[1]. » La cause est entendue : l'optimisme est joyeux, le pessimisme est dépressif.

En réalité, la dépression n'est pas où on voudrait la voir : l'idée même d'un « homme augmenté » ne peut faire rêver que celui qui se regarde, avec ses semblables, comme un « homme diminué ». On ne désire que ce qu'on éprouve comme un manque ; on ne cherche à combler que ce qui est en défaut. Bien sûr, la condition humaine n'est pas exempte de défauts et de manques ; la maladie, la douleur en font partie, puisqu'elles altèrent notre existence et nous privent de l'usage normal de nos corps. Mais le transhumanisme ne vise pas à la santé, non ; il regarde un corps humain en parfaite santé comme défectueux, comme insuffisant. Il n'espère pas, par exemple, vaincre la maladie d'Alzheimer par une thérapeutique nouvelle – nous rendre l'usage normal de nos fonctions organiques, c'est ce que la médecine recherche depuis toujours. Le transhumanisme se donne un but totalement autre : non pas réparer le corps humain, mais le remplacer. Il ne s'agit plus de se modeler sur une régularité naturelle, que l'on appelle la santé – l'état du corps dans son cours ordinaire, quand aucune pathologie n'est venue le troubler. Le progressisme post-moderne ne veut pas recevoir l'homme tel qu'il est, mais le dépasser – pour cela, il faut commencer par le mépriser, et par se mépriser soi-même.

---

1. Entretien pour le magazine *Usbek & Rica*, 26 novembre 2017.

Le transhumanisme est une croyance nouvelle – car c'est bien d'une croyance qu'il s'agit, dans la promesse d'un accomplissement que pourrait nous obtenir l'augmentation technique. Comme l'écrivait Carl Schmitt, commentant un poème de Theodor Däubler, les partisans de cet optimisme techniciste « veulent le ciel sur la terre, un ciel qui serait la réussite du commerce et de l'industrie, et qui devrait se trouver réellement ici, à Berlin, Paris ou New York ; un ciel avec eau courante, automobile et fauteuils club, et dont le livre saint serait un guide du voyageur[1] ». Or rien ne peut aujourd'hui confirmer la réalité du bonheur que nous pouvons attendre d'une expansion inédite de la technique, au contraire : le désastre écologique récent tendrait plutôt à nous avertir du risque d'autodestruction qu'une telle promesse représente. Rien de plus irrationnel, en quelque sorte, que le rêve scientiste du transhumanisme ; et les esprits positivistes qui s'en réclament semblent, pour reprendre le mot de Chesterton, n'avoir cessé de croire en Dieu que pour croire en n'importe quoi.

Mais le plus important, ce n'est même pas le risque pour l'avenir ; c'est de considérer ce que cette croyance, ce que cet optimisme indiscutable, porte en fait pour le présent de négativité, de frustration, d'impuissance, dans son incapacité à s'épanouir au contact du réel, à aimer l'humain tel qu'il est, et en particulier le corps dont nous sommes faits. Au fond, on pourrait dire de la religion transhumaniste ce que Nietzsche écrivait de

1. Carl Schmitt, *Theodor Däublers « Nordlicht »*, Duncker & Humblot, 1991.

la religion comme promesse d'un outre-monde : « Sous une telle manière de penser, j'ai depuis toujours senti une hostilité à l'égard de la vie, une antipathie rageuse et vindicative à l'égard de la vie elle-même – un dégoût et une lassitude de la vie à l'égard de la vie, qui se sont simplement déguisés, cachés, fardés derrière la croyance en une "autre vie", en une vie *meilleure*[1]. » L'*amélioration* que rêve le transhumanisme exprime d'abord un mépris pour l'humain réel ; la promesse optimiste qu'elle nous fait est elle aussi, en réalité, « un au-delà inventé pour mieux calomnier l'ici-bas ».

Dans son fond, le transhumanisme est d'abord un anti-humanisme : celui qui aime être un humain n'a aucune raison de rêver de devenir un post-humain ; il a même tout à craindre de la réalisation d'une telle perspective. Reconnaître la valeur infinie de la vie humaine, l'aimer malgré ses limites et ses épreuves, c'est aussi s'inquiéter de sa fragilité, et éprouver une inévitable angoisse devant les risques qui la menacent, à commencer par la folie des hommes eux-mêmes ; si cette vie est un trésor irremplaçable, comment ne pas être inquiet qu'elle puisse sombrer, dans l'extinction écologique ou dans le fantasme techniciste ? L'inquiétude est peut-être un signe d'amour ; ce qui est certain en tous les cas, c'est que pour être exclusivement optimiste, pour croire qu'on a tout à gagner, et donc plus rien à perdre, il faut être très déprimé…

---

1. Friedrich Nietzsche, *La Naissance de la tragédie*, traduction Céline Denat, GF-Flammarion, 2015.

V

OÙ ALLER ?

« Il faut absolument parler aux hommes. »

Empêchement de penser

La dialectique progressiste consiste ainsi à opposer un ancien et un nouveau monde, le premier étant par principe moins parfait que le second, et donc destiné à être remplacé par lui. Un tel regard sur l'histoire nie toute contingence, tout aléa ; il présuppose que le futur est déjà dessiné, orienté, et que la seule incertitude porte sur la rapidité de son avènement. Ce faisant, il est parvenu à faire entrer toute la modernité dans une forme d'hallucination collective : nous voyons tous le futur là où il nous est désigné. Bergson remarquait que la science moderne a imposé la représentation du temps comme une flèche, sur laquelle le présent serait un point se déplaçant entre le passé et le futur. Cette image mentale est devenue commune, et par elle nous nous représentons le fil de nos vies, mais aussi celui de notre vie collective. Ainsi le futur est supposé exister déjà, en quelque sorte : il est le prolongement de cette ligne droite qui se dévoile peu à peu à mesure qu'on la parcourt. Nos débats de société se résument souvent à hâter ou à refuser ce qui est supposé se produire selon un récit déjà construit.

« [N]ous voulions / L'avenir ; vous vouliez le passé[1] » : ce mot de Hugo résume la configuration de bien des oppositions politiques : certains voudraient avancer et d'autres reculer, mais sur une ligne dont les deux camps admettent qu'elle est déjà définie. Le mieux serait de l'accélérer en pressant le pas comme le voulait le slogan de Mai 68, « Cours, camarade, le vieux monde est derrière toi ! ». Et quand ce que nous estimons être l'avenir ne l'emporte pas, on juge que « la société n'était pas encore prête » – ce qui est une façon supplémentaire d'indiquer que le mouvement attendu se produira nécessairement, quitte à prendre un peu plus de temps.

Une telle perspective constitue un empêchement de penser, une manière de fuir la responsabilité politique. En effet, si l'avenir est écrit d'avance, nous ne sommes que les rouages plus ou moins efficaces de sa réalisation ; mais aucun effort de discernement, aucun travail pour peser le pour et le contre, aucune hésitation quant au but n'est nécessaire, ni même pensable. Ce qui compte, c'est de marcher, d'avancer, de vaincre les pesanteurs du vieux monde pour cheminer vers l'avenir.

Mais là est la grande illusion, le mirage dans lequel nous sommes pris : l'avenir n'existe pas. Il n'existe absolument pas. Cette représentation mentale du temps comme une flèche est un piège intellectuel ; elle nie la consistance du présent en le réduisant à n'être que le point de passage vers un avenir déjà défini. Or cette flèche est une fiction, et l'avenir n'est pas écrit. Seuls existent le présent, et le

1. « Jean Chouan », *in La Légende des siècles*, Hetzel, 1859.

passé qui se condense en lui. Le « non-encore être » est encore du non-être ; et même le possible doit être créé. En réalité, notre avenir ne sera rien d'autre que le résultat de nos choix. Toute l'histoire des hommes a d'ailleurs montré qu'ils étaient capables, pour le pire ou pour le meilleur, de déjouer les pronostics, de faire mentir les prévisions... Même les grandes tendances qui sont à l'œuvre dans le monde dont nous héritons ne sont rien face à notre liberté de pensée et d'action. C'est cela qui fonde notre définitive, notre écrasante et magnifique responsabilité. C'est cela, aussi, qui fonde la nécessité de la politique.

La religion du progrès a pour conséquence nécessaire l'érosion de la politique, et l'intensification des conflits. Pour celui qui croit en effet aux promesses du monde nouveau, pour l'optimiste convaincu, il n'est pas nécessaire de s'interroger, de se poser des questions, d'envisager la pluralité des choix possibles : il faut seulement s'engager résolument dans l'avenir. Et puisque l'avenir est écrit d'avance, cet engagement ressemble à un acquiescement tout à fait superflu au mouvement de l'histoire... Si le monde nouveau est déjà déterminé, la politique ne sert plus à rien – il n'y a plus de raison, en tous les cas, qu'elle soit le lieu d'un débat : le « dépassement des clivages » est le résultat logique d'une telle perspective. Pourquoi faudrait-il entretenir des désaccords, quand le sens de la marche est déjà donné d'évidence ? À quoi bon discuter encore ? Le sophisme naturaliste évacuait la nécessité politique en nous imposant de consentir à ce qui est ; le sophisme progressiste la disqualifie tout autant en affirmant que la seule rationalité possible consiste à consentir à ce qui sera. Si je peux dire ce qu'est l'avenir, si je peux affirmer qu'il arrivera de toute façon, pourquoi entretenir la comédie d'un pouvoir que le mouvement du monde a déjà dépossédé de sa capacité d'écrire l'histoire ?

L'activité politique ne joue plus désormais qu'un simple rôle utilitaire, pour administrer aussi rapidement que possible la « réforme » universelle, la transition de l'ancien au nouveau – des pesanteurs du passé aux promesses du futur. Il faut que tout change : voilà sa seule devise. La première conséquence d'une telle perspective, c'est que tout débat devient superflu : il ne s'agit plus d'entretenir un dialogue contradictoire sur la direction à donner aux changements que nous déciderons, désormais il importe seulement de « changer ». Ce qui compte, c'est de bouger. Le risque que nos « progrès » aboutissent à une catastrophe n'est jamais évoqué sérieusement – ce serait courir le danger de sombrer dans le pessimisme. Ne pas avoir peur du changement, c'est savoir par avance que toute réforme, toute innovation est désirable par elle-même. Il faut aller plus loin encore : même le mot de « réforme » a récemment cédé la place à celui, plus fort, de « transformation ». Ce qui compte, c'est de « transformer la société », d'« engager une transformation radicale du pays ». Le Premier ministre se réjouit : « Nous sommes enfin dans la transformation. » Il fait fidèlement écho en cela à ce propos parfaitement transparent du président de la République : « La France est un pays irréformable. Mais nous ne proposons pas de la réformer. Nous proposons une transformation complète[1]. » Aucun but n'est donné à ce changement promis : la politique de la transformation s'accomplit dans son mouvement même, dans sa transe permanente.

Politique du mouvement

Il ne s'agit pas ici d'effectuer la critique d'un parti, ou d'un camp politique parmi d'autres – il n'y a d'ailleurs plus de partis, mais seulement des « mouvements ». Cette passion du mouvement est devenue commune à presque toute la classe politique occidentale depuis cinquante ans. En France, les élections ont été régulièrement l'occasion d'une surenchère, venue de toutes les familles politiques, autour de la promesse d'une transformation profonde : au lendemain de Mai 68, Chaban-Delmas propose une « nouvelle société ». En 1974, Giscard est élu en garantissant « le changement sans le risque ». En 1981, Mitterrand veut « changer la vie ». Les affiches de Jacques Chirac proclament : « Maintenant, il nous faut un homme nouveau. » En 2007, Nicolas Sarkozy promet « la rupture ». En 2012, avec François Hollande, « le changement, c'est maintenant ». Rien n'est devenu plus immuable, paradoxalement, que ces slogans – ils sont d'ailleurs aisément

1. *In* « Macron, Philippe... Ne leur parlez plus de "réforme", mais de "transformation" », *L'Express*, 29 août 2017.

réutilisables, car ils semblent démentis avec constance par l'impuissance, une fois portés au pouvoir, de ceux qui les avaient inventés… En 2017, nous voilà donc « en marche ». Quel candidat se présenterait aujourd'hui sans promettre de tout mettre en mouvement, sans proposer un projet complet de réformes ? Quel élu ne défendrait pas son bilan en parlant de toutes les nouveautés accomplies ? Désormais, une seule maxime politique semble valoir pour tous : il faut tout changer. Le débat ne saurait porter que sur les modalités de cette « transformation complète ».

Le paradoxe est que, pour un chef d'État, une telle maxime consiste à faire disparaître le pays que l'on dirige… Comment s'étonner ensuite que cette politique suscite une angoisse de l'identité ? Une chose qui a été « complètement transformée », en effet, n'est plus elle-même. Si je transforme un arbre en allumettes, quand la transformation sera complète, j'aurai devant moi des allumettes – mais plus d'arbre. La transformation désigne une mutation ontologique. La politique du mouvement veut maintenant aller tellement en profondeur qu'elle finisse par atteindre les choses mêmes, dans ce qu'elles sont : il faut que rien ne résiste au changement, pas même l'identité de ce que l'on veut faire entrer dans l'universelle mobilité. La France qui est passée par la réforme, c'est la France réformée. Mais la France qui a connu une « transformation complète », c'est logiquement autre chose que la France – ou alors c'est qu'il y reste encore quelque chose qui n'a pas changé, qu'elle n'a pas encore été « complètement transformée »… Comment s'étonner de l'inquiétude qu'éprouvent ceux qui voient ainsi disparaître tous leurs repères, et leur monde familier – quand de surcroît on ne peut pas leur dire par quoi ils seront remplacés ?

Mais on ne saurait s'arrêter à une telle inquiétude, « se laisser freiner par les immobilismes ». Le débat n'a pas lieu d'être.

Désormais, il n'est plus nécessaire de parlementer indéfiniment pour savoir si une politique est bonne ou mauvaise, il faut seulement savoir si elle est efficace ou non : « Notre seule idéologie, expliquait récemment un grand responsable politique, est la suivante : est-ce que ça marche ? » L'efficacité est nécessairement un bien, puisque tout ce qui « marche » ne peut aller que dans le bon sens. Une fois posé cela, il n'y a plus de débat idéologique possible – seulement des questions techniques à régler. Cela ne concerne plus les citoyens, mais les experts, ceux qui savent « faire marcher » la machine de l'État : ainsi la démocratie s'achève en technocratie. Et après tout, quel est le problème ? Si avancer est bien, et ne pas avancer est mal, la politique n'est plus qu'une affaire de marche à suivre, de modes d'emploi, de processus à parcourir. Il faut être dynamique, faire bouger les choses, aller plus vite – il n'est plus question de se demander si ce vers quoi nous allons est une oasis, ou un mirage. Si nous acceptons cet optimisme de principe, si le mouvement est bon en soi, alors la seule « bonne » politique est celle qui permet le mouvement, qui secoue le joug de l'immobilisme. Elle n'est plus que l'auxiliaire zélée du progrès inéluctable.

Ainsi, celui qui est convaincu de cette évidence du « progrès » ne peut-il regarder qu'avec animosité ceux qui osent exprimer un désaccord avec lui. S'ils ne sont pas du côté du progrès, ils en sont les ennemis ; s'ils ne veulent pas aller de l'avant, ils sont réactionnaires. De là vient la radicalisation des conflits : il n'y a plus d'espace pour un désaccord légitime entre deux options possibles. Il n'y a plus que l'opposition de l'ancien et du nouveau monde. Mais celui qui ne veut pas de l'avenir n'est pas un contradicteur raisonnable : il est seulement un empêcheur d'avancer, un partisan du passé – et puisqu'une telle représentation mentale est devenue parfaitement commune et indiscutée, certains en viennent effectivement à se percevoir eux-mêmes comme des partisans du passé…

Pourtant, une telle perspective s'aveugle sur le point essentiel que nous relevions plus haut, sur le caractère indéterminé de l'avenir. L'idée même d'un « retour en arrière » n'a littéralement aucun sens, car le temps passe et ne s'inverse jamais. Le « ne-plus être » n'est pas une destination plus viable que le « non-encore être ». La vraie question politique n'est donc pas : faut-il avancer vers l'avenir ou préférer le passé ? Faut-il aller de l'avant ou rester immobiles ? – Non, la vraie question politique est : quelle direction devons-nous prendre ? *Quel* avenir voulons-nous ? Selon quels choix allons-nous le préparer ? En poursuivant quels buts ? Et sur de telles questions, l'incertitude a nécessairement une place, car rien dans l'histoire n'est déterminé d'avance. Il ne suffit pas de vouloir « avancer », ou « marcher », ou « faire » : de tels slogans ne sont pas des maximes valables pour la vie politique – ils sont plutôt le symptôme de sa dissolution. Avancer peut être une bonne idée, si le bonheur est au bout du chemin ; ce peut être aussi le pire des dangers, si nous sommes au bord d'un précipice. Il ne suffit pas de vouloir bouger ; quel but donnons-nous à nos mouvements ? La politique commence vraiment quand nous nous posons ces questions, les plus nécessaires à toute communauté humaine. *Que* faire ? *Où* aller ?

Si ces questions ne sont pas résolues d'avance, c'est parce que rien ne peut garantir que toute action soit bonne, et que tout mouvement nous rapproche du meilleur. Rien n'est plus absurde que cet optimisme de principe. Bien sûr, le pessimisme en tant que tel n'est pas plus rationnel : croire que les choses ne peuvent qu'aller de mal en pis, c'est aussi choisir de ne regarder le réel en fonction d'un parti pris déterministe, figé, fixé – comme si la liberté n'existait pas, comme si n'existait pas non plus notre responsabilité, et notre capacité d'agir pour infléchir le cours des choses. Le pessimisme érigé en attitude systématique conduit au fatalisme, à la résignation, et par là finalement à la réalisation des catastrophes qu'il prédisait… Mais l'optimisme n'est pas plus raisonnable : adopter un regard sur l'histoire qui postule que les choses ne peuvent qu'aller mieux, c'est adopter une croyance qui ne peut se fonder sur aucune preuve – faire, là aussi, comme si la liberté n'existait pas, avec les promesses et les risques qu'elle représente nécessairement tout à la fois. Et cette croyance absurde n'est pas moins destructrice que le pessimisme : elle conduit, nous l'avons dit, à nier tous les biens qui nous sont devenus invisibles à force d'habitude, à délaisser pour le rêve d'un avenir meilleur tout ce qu'il y aurait à aimer dans le présent, et que nous ne savons plus reconnaître, devenus inconscients par lassitude ou par avidité. Bien sûr, il y a dans nos vies des moments où nous avons des raisons d'être légitimement optimistes, ou pessimistes. Mais ériger en système l'idée que par principe tout finira bien – ou que tout finira mal, ce ne peut être que deux égales aberrations intellectuelles. « Le pessimiste et l'optimiste, écrit Bernanos, s'accordent à ne pas voir les choses telles qu'elles sont. L'optimiste est un imbécile heureux. Le pessimiste est un imbécile malheureux[1]. »

L'optimisme, dira-t-on, est auto-réalisateur : celui qui est convaincu que tout ira mieux a de bonnes chances d'y contribuer en agissant en ce sens. Ce qui est certain, c'est qu'à celui qui pense que tout est perdu, il reste bien peu de chances de victoire. Mais si l'espoir peut prendre en charge la difficulté du réel tout en croyant encore que rien n'est perdu, l'optimisme, lui, tient pour acquis que tout est gagné d'avance. Il ne peut donc que nous conduire à nier la réalité des risques que nous pouvons courir, des menaces auxquelles nous sommes confrontés – et il semble ainsi infiniment dangereux. Bernanos écrit : « Il est vrai que l'optimisme d'un malade peut faciliter sa guérison. Mais il peut aussi bien le faire mourir s'il l'encourage à ne pas suivre les prescriptions du médecin[2]. » Le parti pris optimiste, en affirmant par principe que demain sera meilleur qu'aujourd'hui, court le risque de sacrifier par inconscience tout ce qu'il y a de bon dans cet aujourd'hui qu'il voudrait tant dépasser.

1. Georges Bernanos, *La Liberté pour quoi faire ?*, *in Essais et écrits de combat*, t. 2, Gallimard, Bibliothèque de la Pléiade, 1995, p. 1262-1263.
2. *Op. cit.*

La passion du changement perpétuel oublie en réalité la valeur des biens dont notre vie quotidienne est faite : être en vie, au milieu d'un monde favorable à la vie, au milieu d'une société paisible où tout autre vivant n'est pas un danger, et peut même être un appui ; pouvoir poursuivre librement ses projets, aller et venir, apprendre, penser, parler ; créer des liens avec les autres et échapper ainsi à la solitude... Dans la vie quotidienne, rien de tout cela ne surgit à notre conscience. Nous pensons à tout ce qui nous échappe, aux limites qui s'imposent à nous, à ce que nous pourrions atteindre en les surmontant. Il faudrait pouvoir courir de plus en plus vite, jusqu'à annuler les distances... Mais vivre de ses projets, se projeter sans cesse, c'est ne plus considérer le présent. À force de penser le bonheur pour demain, nous ne savons pas le découvrir aujourd'hui, où il est pourtant peut-être. Le lointain devient notre milieu familier, le prochain nous devient étranger.

Or ce monde qui nous entoure, ce présent, ce prochain, est un trésor infini, et infiniment fragile. Notre vie ordinaire suppose des conditions qui nous paraissent évidentes, mais qui reposent en réalité sur d'innombrables miracles. Sans eux serait rapidement menacée notre capacité à vivre en société, mais aussi notre existence individuelle, notre survie même. Ces miracles nécessaires sont aussi irremplaçables, précisément par ce qui les rend miraculeux : ils sont en fait impossibles à produire, ou à reproduire...

Nous en faisons l'expérience, trop tard peut-être, à travers la crise écologique que la modernité a engendrée, crise inouïe, à la mesure de l'ampleur inédite qu'a prise le pouvoir de la technique. Pressés de construire « le ciel sur la terre », encouragés par notre optimisme et notre confiance dans l'avenir, nous avons mis le monde en mouvement au service de nos désirs. Nous avons littéralement mobilisé toute la nature, organisé la mobilisation générale, c'est-à-dire la mobilité et la transformation de tout ce dont nous héritions, pour que le vieux monde frustrant et limité soit remplacé par ce nouveau monde riche de promesses que nous avions imaginé. Il n'aura pas fallu beaucoup de temps pour que nous nous rendions compte que ce que nous avions ébranlé avec tant d'enthousiasme, c'était cet équilibre naturel qui constituait la condition de notre survie, que l'habitude avait fini par faire passer pour une évidence, et finalement par rendre invisible. Pour que la vie organique soit possible sur terre, il faut en effet une somme de conditions – atmosphériques, climatiques, biochimiques… – dont la stabilité relève du miracle. Par miracle, on désigne simplement ce que toute notre intelligence et notre puissance ne sauraient concevoir, ni produire, ni reproduire, hélas, lorsque cette stabilité est détruite… Et nous voilà aujourd'hui contraints de reconnaître que notre technique n'est pas toute-puissante, puisqu'elle ne sait même pas refaire ce qu'elle a défait, et que si ces conditions sont perdues, alors nous le sommes aussi. La promesse du paradis sur terre est, comme toujours, devenue notre chemin le plus sûr vers l'enfer.

Or il n'y a pas que la vie organique qui repose sur une conjonction de miracles silencieux. Pour qu'existe une société équilibrée et paisible, il faut une infinité d'interactions humaines dont le plus puissant des cerveaux serait bien incapable de reconstituer la sophistication. L'économiste et philosophe libéral Friedrich Hayek fait remarquer, au début de *Droit, législation, liberté*[1], que l'harmonie d'une société, son organisation, la complémentarité de ses membres, ne sont jamais le résultat d'une action organisatrice et planifiée. Pour qu'un ordre existe, il n'est pas nécessaire de donner des ordres : et si la société permet la rencontre d'une multiplicité de libertés de façon harmonieuse, l'équilibre qu'elle apporte est suscité de l'intérieur de cette société par la maturation progressive des relations humaines. L'ordre établi (*taxis*) n'est qu'un tout petit cas particulier, au sein d'un ordre spontané (*kosmos*) qui ressemble, par le fait que nous ne l'avons pas institué, à celui qu'on observe dans la nature. Une langue, par exemple, est un certain ordre ; elle est constituée d'un ensemble de règles lexicales, syntaxiques, grammaticales… Mais cet ordre est essentiellement spontané : toute langue vit de sa propre vie, elle s'enrichit et se complexifie peu à peu, et il n'y entre presque aucune part pour les décisions arbitraires d'une institution ou d'une autorité politique. Comme la langue, bien des structures sociales nous relient, qui sont des conditions invisibles mais nécessaires pour que nous puissions vivre, et mener une vie authentiquement humaine. Bien des structures qui, elles aussi, se sont formées et ont mûri dans la succession des générations, et qui n'ont été codifiées et réglementées qu'après que l'usage les avait établies et éprouvées. L'association et l'entreprise, la

1. Friedrich Hayek, *Droit, législation, liberté*, PUF, 1995.

cité, la famille elle-même, sont des organisations humaines spontanées, nées de pratiques peu à peu affinées et ajustées par le temps, et que nos textes de loi n'ont fait que recueillir et décrire après coup.

Le sens du tragique

Il faut donc être infiniment modeste, quand on prétend « changer la société », « mettre la société en mouvement », installer une « nouvelle société » : le risque est immense qu'on détruise cet ordre lentement mûri, et irremplaçable dans sa complexité, sa souplesse, sa richesse, au regard desquelles nos capacités d'organisation sont bien peu de chose... Bien sûr, tout ce qui se vit dans une société n'est pas bon, et il faut avec discernement faire effort quand c'est nécessaire pour rectifier ce qui est vicié ; il ne saurait être question de ressusciter le sophisme naturaliste, et de croire par principe que ce qui est doit être toujours. Qu'une communauté humaine soit nécessairement marquée par des défauts, et qu'elle ait toujours des progrès à faire, c'est une certitude. Mais qu'il faille croire au progrès, c'est-à-dire affirmer par principe que ce qui est réel est moins bon que ce qui pourrait être, et que par conséquent il faut tout remplacer de ce dont nous héritons par ce que nous pourrons construire nous-mêmes, voilà qui relève d'une dangereuse folie. En prétendant changer la langue, modifier d'autorité des manières de vivre, ou des réalités culturelles, nous montrons une prétention démesurée ; et, devenant aveugles à ces miracles irremplaçables qui font la trame impensée de notre existence quotidienne, nous prenons le risque de fragiliser ces conditions de notre vie sociale, et de notre vie humaine. En méprisant le passé au nom des promesses de l'avenir, c'est le présent que nous mettons en danger.

Car ce présent est, en réalité, fait de passé. Tout ce que j'ai décrit ici à travers le mot de « miracle » ne désigne pas, comme sur le plan surnaturel, l'irruption soudaine d'un phénomène inexplicable. Ce qui rend inconcevables les conditions complexes de la vie organique, de notre existence humaine, de nos vies sociales – et ce qui fait qu'elles ne sauraient être reproduites par l'intelligence ou par la technique – c'est qu'elles ont eu besoin de beaucoup de temps pour être peu à peu formées. La science le sait avec certitude : toute l'histoire de l'univers physique se condense dans l'équilibre du climat, dont nous avons compris bien tard qu'il était la condition de notre survie ; toute l'histoire de la vie, de son lent et patient cheminement, aboutit à l'extraordinaire équilibre des écosystèmes, dont nous découvrons – hélas en les perturbant – combien tout y était relié par des complémentarités infiniment complexes, et encore pour une bonne part inconnaissables de nous. La forêt et le lac, le relief montagneux, le moindre marais comme les grands fonds de l'océan, constituent autant d'espaces où la vie s'est organisée de façon équilibrée, en se stabilisant par la diversité des espèces animales et végétales, dont chacune tient un rôle dans l'ensemble ; et notre planète abrite la vie par ce fascinant équilibre global qui relie les courants marins aux forêts amazoniennes, qui tempère les tropiques par les pôles… Pour que de tels ajustements s'opèrent et que la vie s'y déploie, il aura fallu un temps dont l'ampleur dépasse l'échelle de l'action et même de la conscience humaine. Nous mesurons seulement l'infinie précision de cet équilibre stabilisé dans la durée, à la rapidité avec laquelle il se dérègle quand nous en modifions le moindre paramètre.

Or un tel constat ne devrait pas s'arrêter à notre environnement naturel : la moindre structure sociale est, elle aussi, faite de durée, comme tout écosystème complexe. Les équilibres fragiles de notre vie en commun sont le produit de millénaires d'ajustements successifs, d'essais et d'erreurs, de rectifications conscientes et inconscientes, et il a fallu tout cela pour permettre la société dont nous héritons. L'ordre spontané n'a rien d'un ordre immédiat, au contraire : il est fait de temps long. Les conditions de notre vie organique comme de notre vie sociale échappent par définition à l'immédiateté : même le pouvoir le plus puissant ne pourra jamais nous donner ce que le temps seul fait mûrir, et que par conséquent nos décisions ou nos actes ne pourront jamais reproduire. Le passé est la matière première du monde dans lequel nous vivons ; et c'est pourquoi il faut y réfléchir à deux fois avant de transformer ce monde selon nos désirs du moment. Sans doute la disqualification du sophisme naturaliste nous a-t-elle empêchés de mesurer ce qu'il y a de bon dans le seul fait d'être : en voulant changer ce dont nous avons hérité, nous devons toujours considérer avec prudence le bien que peut-être nous mettons en danger, et nous assurer avec sérieux du plus grand bien que nous pouvons en espérer.

La modernité est, dans l'histoire humaine, la première conception du monde qui ait inversé le rapport au temps que toutes les sociétés avant elle semblent avoir partagé : l'héritage avait toujours été valorisé ; désormais, seul l'avenir compte. C'est de ce renversement que procède la crise que nous vivons : elle est au fond, sous ses aspects les plus divers, une seule et même crise de la transmission, qu'elle se manifeste sous la forme du gâchis écologique, de la dette économique, du discrédit des institutions, ou encore de l'échec de l'école qui ne parvient plus à donner aux nouvelles générations les éléments fondamentaux de la culture dont leurs aînés avaient hérité[1]. Si la transmission a été rompue, ce n'était pas par égoïsme, mais par une certitude implicite, établie par le mouvement de la modernité et entretenue par les tourments de l'histoire récente : il fallait se tourner résolument vers l'avenir, et pour cela tourner tout aussi résolument le dos au passé. Le progressisme qui animait cet élan avait simplement oublié que les biens les plus essentiels sont ceux qui mettent le plus de temps à naître, et qui sont les plus vulnérables.

En réalité, il nous faut retrouver le sens authentique de la politique, qui consiste moins à transformer qu'à transmettre. Nous devrions évaluer la qualité de l'action menée par nos gouvernants, non à partir de ce qu'ils auront réussi à changer, mais de ce qu'ils auront réussi

1. Sur ce sujet, cf. François-Xavier Bellamy, *Les Déshérités*, Plon, 2014.

à sauver. Voilà, paradoxalement, la vraie révolution qui nous attend aujourd'hui… Cet ordre de priorité, en effet, va contre toutes nos habitudes ; au point que ce critère pourtant essentiel – qu'est-ce qui a été protégé par nos choix collectifs ? – est en fait totalement absent de nos considérations politiques. Sans doute est-ce parce que notre modernité, fascinée de sa propre nouveauté, passionnée par le seul immédiat, a fini par nous faire oublier la dimension tragique de l'histoire, qui tient à cette équation constamment vérifiée : ce qu'il faut le plus de temps pour construire, c'est ce qu'il faut le moins de temps pour détruire. Cette évidence tragique, Péguy l'exprime avec la force de l'évidence dans la réflexion poignante de « Jeannette », la petite Jeanne d'Arc encore enfant, méditant sur la guerre – l'une des plus belles pages du *Mystère de la charité de Jeanne d'Arc* :

Nous aurons beau faire, nous aurons beau faire, ils iront toujours plus vite que nous, ils en feront toujours plus que nous, davantage que nous. Il ne faut qu'un briquet pour brûler une ferme. Il faut, il a fallu des années pour la bâtir. Ça n'est pas difficile ; ça n'est pas malin. Il faut des mois et des mois, il a fallu du travail et du travail pour pousser une moisson. Et il ne faut qu'un briquet pour flamber une moisson. Il faut des années et des années pour faire pousser un homme, il a fallu du pain et du pain pour le nourrir, et du travail et du travail et des travaux et des travaux de toutes sortes. Et il suffit d'un coup pour tuer un homme. Un coup de sabre, et ça y est. Pour faire un bon chrétien il faut que la charrue ait travaillé vingt ans. Pour défaire un chrétien il faut que le sabre travaille une minute. C'est toujours comme ça. C'est dans le genre de la charrue de travailler vingt ans. C'est dans le genre du sabre de travailler une minute ; et d'en faire plus ; d'être le plus fort. D'en finir. Alors nous autres nous serons toujours les moins forts. Nous irons toujours moins vite, nous en ferons toujours moins. Nous sommes le parti de ceux qui construisent. Ils sont le parti de ceux qui démolissent. Nous sommes le parti de la charrue. Ils sont le parti du sabre. Nous serons toujours battus. Ils auront toujours le dessus dessus nous, par-dessus nous.

Nous aurons beau dire[1].

Pour ne pas détruire

Si nous redécouvrons aujourd'hui combien sont fragiles ces biens les plus essentiels – fragiles, à mesure même qu'ils sont essentiels ; alors il nous faut inverser l'ordre de nos priorités, personnelles et collectives. Inventer une nouvelle relation au mouvement, et nous obliger à soumettre notre passion du changement à un discernement plus éprouvé. C'est ce que proposait le philosophe Hans Jonas, répondant au *Principe Espérance* de Bloch par un ouvrage décisif, intitulé par contraste *Le Principe Responsabilité*[2].

1. Charles Péguy, *Le Mystère de la charité de Jeanne d'Arc*, Gallimard, 1941.
2. *Le Principe Responsabilité*, traduction J. Greisch, Cerf, 1979.

Dans ce texte, Jonas commence par constater que le champ de notre pouvoir d'agir a été totalement révolutionné par la modernité technique. Pour la première fois dans l'histoire, l'homme peut détruire l'humanité : si nous faisions exploser ne serait-ce qu'une partie de l'arsenal nucléaire stocké à la surface de la planète, cela suffirait pour que toute vie y soit détruite et devienne impossible. Cette nouveauté technique étend donc d'une manière inédite le domaine de notre responsabilité : puisque la question du bien et du mal se pose dans la mesure où nous sommes capables d'agir, il faut donc augmenter notre conscience morale à la mesure de ce nouveau pouvoir. Jusque-là, l'éthique se préoccupait de celui qui, parce qu'il est proche de nous dans l'espace et dans le temps, pouvait seul être touché par notre action, bonne ou mauvaise : c'est donc sur « le prochain » que s'étendait le périmètre de notre responsabilité morale. Mais nous voilà contraints de compléter cette « éthique de proximité » : désormais nos actes peuvent concerner des individus très éloignés dans l'espace – nos choix scientifiques, industriels, économiques, nos choix comme citoyens ou comme consommateurs, ont un impact bien au-delà de notre environnement immédiat. Et puis, fait nouveau dans le rapport au temps, nos décisions engagent d'une manière irréversible les générations à venir, et la possibilité qui leur sera laissée de vivre ou non une vie humaine…

Aussi bien dans l'espace que dans le temps, le champ de notre responsabilité a tout simplement changé de nature. Et le modèle démocratique occidental peine à en prendre la mesure : dans tout suffrage, en effet, ne sont représentés que les citoyens adultes d'une nation délimitée, dans une époque déterminée. D'autres humains, qui sont pourtant concernés par nos délibérations, n'ont pas voix au chapitre : il faut prendre en considération le bien de ceux qui ne peuvent s'exprimer – les enfants, *infans*, qui ne parlent pas encore – et à travers eux, le sort des générations à venir, qui n'existent même pas encore :

> Car ces principes et ces procédures permettent seulement à des intérêts *actuels* de se faire entendre et de faire sentir leur poids et d'exiger d'être pris en considération. C'est à eux que les autorités publiques ont des comptes à rendre et c'est de cette manière que le respect des droits se réalise concrètement (à la différence de leur reconnaissance abstraite). Or « l'avenir » n'est représenté par aucun groupement, il n'est pas une force qu'on puisse jeter dans la balance. Ce qui n'existe pas n'a pas de lobby et ceux qui ne sont pas encore nés sont sans pouvoir : c'est pourquoi les comptes qu'on leur doit ne sont pas encore adossés à une réalité politique dans le processus actuel de décision et quand ils peuvent les réclamer nous, les responsables, nous ne sommes plus là.

Parce que pour la première fois nous pouvons léser de façon essentielle les générations à venir, Jonas tente de dessiner les contours d'une nouvelle éthique, qui assumerait cette responsabilité inédite. Et cette « éthique du futur » repose sur un impératif absolu : « Premier principe : que l'humanité soit. » Nous trouvons là une contrainte nouvelle qui vient encadrer nos décisions ; pour le dire autrement, si nous voulons agir de façon juste, alors nous devons garder à l'esprit que « l'humanité n'a pas droit au suicide ». En tant que tel, ce principe n'est pas démontrable : on tenterait en vain, et Jonas l'admet, de l'appuyer sur un raisonnement logique. Mais il porte en lui-même sa propre nécessité, comme tout impératif moral : si l'humanité n'a pas le droit de détruire les conditions de sa survie, c'est parce que nous devons à nos successeurs de pouvoir vivre eux aussi de ce que nous avons reçu. Notre propre humanité ne nous appartient pas : nous ne l'avons pas produite. Elle n'est donc pas à notre disposition. Une telle évidence n'a pas besoin de justification : elle est à la fois indémontrable, et incontestable. Elle constitue une exigence qui s'impose d'elle-même, à la manière de l'impératif catégorique dans lequel Kant voyait l'essence même de la morale, et que Jonas revisite ainsi : « Agis de façon que les effets de ton action soient compatibles avec la permanence d'une vie authentiquement humaine sur terre. »

Or, il y aurait deux manières d'empêcher la permanence d'une « vie authentiquement humaine ». La première, et celle qui nous vient immédiatement à l'esprit, c'est le scénario de la destruction ; c'est par exemple, hypothèse très concrète pour Jonas et ses lecteurs en 1979, l'éventualité d'une catastrophe nucléaire d'une telle ampleur qu'elle dévasterait toute la terre. Aujourd'hui, notre inquiétude quant au climat rejoint cet avertissement de Jonas : la technique n'est plus ce par quoi l'homme aménageait une citadelle autour de lui, elle est devenue l'occasion d'un pouvoir inédit sur notre environnement global, d'un pouvoir inquiétant parce qu'il nous rend capables de menacer la survie de notre humanité parmi celle de bien d'autres espèces déjà menacées ou détruites.

Dans cette perspective, la rationalité la plus élémentaire nous impose de rompre avec toute forme d'optimisme. Pourquoi ? D'abord parce que, nous l'avons suffisamment vérifié, le pouvoir de la technique moderne est si important qu'il ne peut qu'échapper à notre propre pouvoir sur lui. Par elle, notre puissance atteint une ampleur inédite ; mais paradoxalement, elle n'est plus pour nous l'occasion de mieux maîtriser le cours des choses, au contraire. La modernité s'était fondée sur la promesse d'un contrôle sans faille du monde, par une rationalité capable désormais d'éliminer toute contingence, toute incertitude. Elle voulait, par la science nouvelle, nous rendre « comme maîtres et possesseurs de la nature », selon le mot de Descartes. Mais l'accomplissement de ce projet moderne aboutit, à travers le pouvoir inouï qu'il nous confère, à une absence totale de maîtrise : nous avons le sentiment que la technique se déploie sans que nous puissions contrôler son développement. Et l'effet même de son intervention sur le monde nous échappe : nous ne sommes pas assez puissants pour réparer les échecs que notre propre capacité technique peut produire. Par exemple, nous sommes capables de provoquer des catastrophes écologiques si importantes, que nous ne savons pas les maîtriser ensuite… Nous sommes donc devenus en quelque sorte impuissants face à notre propre pouvoir.

Or, le propre de la technique est d'être un moyen en vue d'un but – mais aussi parfois de manquer son but : il arrive, et il arrivera toujours, que les dispositifs techniques n'agissent pas comme leur opérateur s'y attendait. Comme le veut la célèbre loi formulée par Edward Murphy, « tout ce qui peut dysfonctionner dysfonctionnera ».

La question de la responsabilité surgit dans toute son ampleur lorsque le dysfonctionnement d'une technique, ou même les conséquences imprévisibles de son fonctionnement normal, seraient susceptibles de produire une altération irrécupérable des conditions de la survie de l'homme sur terre. Il arrive parfois qu'une innovation que nous projetons de développer engendre le risque d'une telle altération ; et ce type d'incertitude devrait devenir de plus en plus fréquent à mesure que nous serons proches de mettre au point des technologies de plus en plus révolutionnaires et complexes. Dans une telle incertitude, affirme Jonas, nous n'avons tout simplement pas le choix : il faut systématiquement donner la « priorité au mauvais pronostic sur le bon ». S'il y a un seul risque, même minime, pour qu'une probabilité négative se réalise, alors nous devons renoncer à ce qui pourrait risquer de détruire l'humanité. Face à l'expression d'une crainte raisonnable, ignorer le risque en postulant que tout ira bien serait nécessairement irresponsable. Dans cette perspective, l'avertissement de Bernanos prend tout son sens : « L'optimisme est bien souvent une forme sournoise de l'égoïsme, une manière de se désolidariser du malheur d'autrui. » Dans ces choix difficiles qui engagent l'avenir de toute l'humanité, il pourrait bien être en tous les cas une manière de se désolidariser de l'avenir[1]. Paradoxalement, l'attitude de celui qui se tourne vraiment vers l'avenir, qui porte authentiquement la passion du lendemain, est étrangère à la fausse naïveté du progressisme, quand elle joue aux apprentis sorciers avec les nouveautés d'une technique qui la fascine sans même pouvoir la maîtriser. À rebours du caractère utopique inhérent à la modernité, Jonas affirme donc que « l'éthique du futur » impose de choisir résolument le pessimisme. Si nous ne sommes pas indifférents à notre propre humanité menacée d'une perte irréversible, alors, sans pour autant cesser d'agir, il faut dans nos discernements « davantage prêter l'oreille à la prophétie de malheur qu'à la prophétie de bonheur ».

Cette analyse s'applique aussi à une autre forme de danger : il n'y a pas en effet que par la destruction que l'humanité pourrait choisir le suicide, et ainsi priver nos successeurs de ce que nous aurons pu vivre. Le second chemin possible vers sa disparition, c'est celui de son augmentation ; car « l'homme lui-même a commencé de faire partie des objets de la technique ». Ce qui est nouveau, ce n'est pas que la technique humaine agisse sur l'homme, bien sûr : la médecine existe depuis des millénaires, et elle a développé des savoir-faire extraordinaires pour soigner et guérir les corps, et même les esprits, lorsqu'ils sont atteints par une pathologie ou un traumatisme. Mais ce qui est en jeu aujourd'hui, c'est

1. Dans *Après nous le déluge* (traduction O. Mannoni, Payot, 2016), Sloterdijk décrit la modernité, non pas tant comme une rupture avec le passé, que comme un divorce avec l'avenir.

la possibilité technique qui semble s'ouvrir à nous, non de réparer les corps, mais de leur ajouter des propriétés totalement étrangères à leur état naturel ; non de rétablir les esprits, mais de les augmenter de facultés inédites. Ce qui est en jeu, par conséquent, ce n'est pas une amélioration des capacités de la médecine : c'est une transformation de la nature même de cette intervention technique, dès lors qu'elle ne cherche plus à restaurer un équilibre qui la précède, mais au contraire à le briser pour s'affranchir des limites qu'il comporte. Greffer un bras à une personne qui en a été privée par un handicap ou un accident, c'est un acte médical ; mais le jour où le même acte technique sera pratiqué pour nous greffer un troisième bras – et ne serait-il pas utile, dans nos vies si actives ? – alors la signification de cet acte aura été absolument transformée. Et il ne s'agit pas en cela d'une différence de degré dans la sophistication du savoir-faire, ou de sa place dans la série des innovations à venir : la découverte qui guérira la maladie d'Alzheimer sera bien thérapeutique ; celle qui augmentera les pouvoirs de la mémoire humaine au-delà de toute limite naturelle connue, celle-là n'aura plus rien à voir avec la médecine. Dans un cas, il s'agit de rétablir l'humain ; dans l'autre, de le remplacer, pour pouvoir faire autre chose – pour faire « plus », ce qui signifie nécessairement pour nous : faire mieux.

C'est en ce sens que Jonas constate que l'homme, pour la première fois, est devenu un objet de la technique : quelque chose que la technique peut modifier, transformer. Quelque chose qu'elle peut remplacer. Dans notre passion du changement, nous sommes prêts à changer l'humain pour le post-humain. Or le risque est grand qu'il soit aussi l'inhumain… Nous avons bien sûr le devoir de développer nos savoirs et nos techniques pour léguer à ceux qui nous suivront une vie humaine moins souffrante, moins vulnérable à la maladie et à la mort accidentelle. Mais nous avons aussi le devoir de leur transmettre une vie qui soit encore une vie humaine, et non la vie d'une machine dans un corps d'apparence humaine… « Que l'humanité soit » : ce premier principe de l'éthique du futur nous oblige à préserver la stabilité de l'humain, non seulement face au risque de la destruction, mais aussi devant la tentation de l'augmentation, qui ne serait pour l'humanité qu'une autre manière de suicide collectif.

Ce qui est en jeu

Une telle équation n'a rien d'abstrait, ou de purement intellectuel ; il suffit pour s'en convaincre de se pencher sur les nouvelles questions qui engagent le devenir de notre humanité. Jonas en donne quelques exemples, parmi lesquels celui de la perspective inédite que représente la conquête possible, par la technique médicale, de l'immortalité. Trente ans après *Le Principe Responsabilité*, le courant transhumaniste reprend cette promesse à son compte : bientôt, nous promet-il, nous vivrons « la mort de la mort[1] », par le remplacement périodique de nos organes auxquels se substitueront des artefacts réparables et renouvelables indéfiniment. Un tel projet, affirme Jonas, a des conséquences immédiatement prévisibles : si nous parvenions effectivement à supprimer la mort, il serait logiquement indispensable de supprimer aussi la naissance. Car tôt ou tard, et même s'il devait être augmenté des espaces nouveaux conquis sur Mars par exemple, il ne fait aucun doute que le monde habitable deviendrait logiquement trop étroit pour accueillir sans cesse de nouveaux arrivants, sans que plus un seul ne parte…

Se présente alors une question : une vie qui ne serait plus marquée ni par la naissance ni par la mort serait-elle encore une vie humaine ? À cette question, répond en écho la réflexion de Hannah Arendt ; dans *Condition de l'homme moderne*[2], elle décrit le monde humain comme étant essentiellement caractérisé par la natalité : à travers ce phénomène, se joue le renouvellement permanent que constitue l'arrivée de nouveaux individus dans le monde, chacun porteur d'une liberté qui fera son aventure singulière, et qui le verra marquer ce monde d'une empreinte, visible ou invisible, mais à chaque fois unique et inédite. Les végétaux, les animaux sont des vivants qui n'ajoutent rien individuellement aux caractères de leur espèce, et qui ainsi coïncident parfaitement avec leur nature. L'homme

1. Cf. Laurent Alexandre, *La Mort de la mort*, *op. cit.*
2. Hannah Arendt, *Condition de l'homme moderne*, traduction G. Fradier, Calmann-Lévy, 1993.

seul apporte avec lui, dans chaque personne, quelque chose d'imprévisible, d'inattendu ; quelque chose de nouveau. C'est la raison pour laquelle, affirme Arendt, « la natalité est sans doute la catégorie centrale de la pensée politique ».

> Le miracle qui sauve le monde, le domaine des affaires humaines, de la ruine normale, « naturelle », c'est finalement le fait de la natalité, dans lequel s'enracine ontologiquement la faculté d'agir. En d'autres termes : c'est la naissance d'hommes nouveaux, le fait qu'ils commencent à nouveau, l'action dont ils sont capables par droit de naissance. Seule l'expérience totale de cette capacité peut octroyer aux affaires humaines la foi et l'espérance (…). C'est cette espérance et cette foi dans le monde qui ont trouvé sans doute leur expression la plus succincte, la plus glorieuse dans la petite phrase des Évangiles annonçant leur « bonne nouvelle » : *Un enfant nous est né*[1].

C'est à ce « miracle » de la naissance, à l'irrigation continue du monde par de nouvelles libertés, à l'espérance que représentent les générations à venir, qu'il faudrait renoncer par principe pour tenter de réaliser le rêve de l'immortalité. La vie, dans un monde de vieillards immortels se protégeant de toute nouveauté, ressemblerait-elle encore à une vie humaine ? En s'abstenant définitivement de vivre l'expérience de la fécondité et de la transmission, en rompant avec toute l'expérience existentielle de leurs ancêtres, et en empêchant de futures générations de les suivre, les post-humains qui choisiraient l'immortalité ne déclareraient pas

1. *Ibid.*

par là « la mort de la mort », mais la mort de la vie humaine – une autre manière d'organiser la mort de l'humanité.

Les possibilités technologiques qui semblent sur le point de s'offrir à nous sont totalement inédites ; mais ce désir de vaincre la mort n'a bien sûr rien de nouveau. Il a concentré les rêves et les réflexions de l'humanité pendant des millénaires. Depuis toujours, les humains se désolent de devoir mourir ; en partageant une révolte jamais résignée contre cette fatalité inexorable, ils n'ont cessé d'imaginer la quête symbolique de l'immortalité, dont toutes les cultures dans l'histoire portent la trace. Et cependant, ils n'ont cessé aussi de penser les antidotes nécessaires à ce projet, pour dessiner une authentique intelligence de la vie, et de la sagesse qu'elle suppose.

Il suffira de prendre pour exemple l'un des plus anciens récits conservés au monde : l'épopée de Gilgamesh a été rédigée à partir du XVIIIe siècle avant notre ère. Le personnage qui donne son nom à cette légende est le roi de la cité d'Uruk, en Mésopotamie. Pour apaiser ce souverain trop brutal, les dieux donnent au roi Gilgamesh un ami façonné pour lui, Enkidu. Les deux personnages s'apprivoisent peu à peu, et deviennent très proches l'un de l'autre. Ensemble, ils accomplissent de nombreux exploits.

Mais un jour Enkidu tombe malade, et meurt. Ayant vu mourir son ami, Gilgamesh dit l'infinie tristesse que tout homme et toute femme connaissent dans l'épreuve du deuil :

> Qu'ils te pleurent les chemins d'Enkidu
> jusqu'à la forêt des Cèdres
> qu'ils ne se taisent ni de jour, ni de nuit !

Qu'ils te pleurent les Anciens de la grande cité d'Uruk
qui nous bénissaient ! (...)
Celui qui fut la hache de mon côté
et la force de mon bras
le poignard de ma ceinture
et le bouclier devant moi
ma seule joie et mon habit de fête...
Un démon impitoyable a surgi
et m'a dérobé mon ami, mon petit frère
Enkidu, ô mon ami, mon petit frère
ensemble nous avons vaincu les obstacles
quel est le sommeil qui maintenant te saisit ?
L'obscurité de la nuit t'enveloppe
et tu ne m'entends plus[1]...

Dans cette déploration, qui relaie l'écho émouvant d'un adieu il y a plus de trois mille ans, nous entendons les mots qui disent l'expérience immémoriale du deuil. Et l'écho d'une autre angoisse, ancestrale elle aussi : après avoir pleuré son ami, c'est pour lui-même que Gilgamesh s'inquiète... « Et moi, dois-je mourir ? L'angoisse envahit mes entrailles ; la crainte de la mort me fait parcourir la steppe. » Le voilà parti pour une grande aventure, la quête de la vie sans fin...

En chemin, il rencontre le dieu Shamash, puis Sidouri. À chacun il raconte son histoire :

Ce qui est arrivé à mon ami me hante
Mon ami que j'aimais si fort

1. *L'Épopée de Gilgamesh*, traduction Abed Azrié, Albin Michel, 2015.

est devenu de l'argile
Et moi aussi, devrai-je me coucher
et ne plus jamais me lever ?
Pourrai-je ne pas voir la mort
que je crains ?

Dans cette peur qui fait courir Gilgamesh, nous reconnaissons notre propre révolte contre la mort. Pour le roi d'Uruk, la quête de la vie sans fin passe par la recherche d'une plante qui le rendrait éternel, qui ne saurait être atteinte qu'après un voyage infiniment éprouvant et dangereux. Pour nous, elle se matérialise par l'accélération des progrès scientifiques et techniques, supposés nous permettre bientôt de vaincre la mort. Mais à nous, comme à Gilgamesh, s'adressent Shamash et Sidouri, puis bien d'autres personnages qui répéteront au cours de l'épopée ce même avertissement :

Où vas-tu, Gilgamesh ?
La vie que tu cherches,
Tu ne la trouveras pas.

Si elle ne sera pas trouvée, ce n'est pas parce que la plante qui rend immortel n'existe pas ; mais c'est parce que, comme le comprendra Gilgamesh au moment même où il la trouvera, il faudra la perdre, ou perdre sa propre vie. La vie sans fin n'est plus une vie d'homme ; elle ne peut donc en marquer la réussite, le succès. La vie sans fin ne serait pas notre félicité, mais notre négation, et courir après elle est déjà une façon de perdre sa vie, une défaite bien plus tragique que la mort.

Car les dieux ont gardé pour eux la vie éternelle
Mais toi, Gilgamesh
que tu sois toujours comblé
Sois joyeux jour et nuit
danse et joue
fais chaque jour de ta vie
une fête de joie
lave ta tête et baigne-toi
caresse l'enfant qui te tient par la main
réjouis l'épouse qui est dans tes bras...
Voilà le destin des hommes.

Ainsi, le premier texte de l'histoire humaine que nous ayons conservé nous apporte du fin fond des âges cet avertissement : chercher la vie sans fin, c'est perdre le sens de sa vie, de ce qui fait une vie humaine. Il ne s'agit pas là d'une réaction à la modernité, d'une incapacité à penser le progrès, ou de la réaction périmée d'un vieux fonds chrétien refusant d'être supplanté par les nouvelles promesses de la technologie. À ces promesses, c'est la plus ancienne parole écrite par l'humanité qui nous envoie cette réponse : il faut accepter le destin des hommes, et en aimer les joies singulières, sous peine de tout perdre pour avoir voulu tout gagner. Toute réalité est limitée, délimitée par ce qui la définit, et il en est ainsi bien sûr de notre vie ; se révolter contre cette limite, c'est se révolter contre la vie elle-même. C'est ce ressentiment qui jette notre époque dans la course frénétique au progrès technique, jusqu'à nous rendre étrangers à ces vies que nous avons renoncé à habiter, au nom du mirage de la vie sans limites, de la vie sans fin, que nous n'atteindrons jamais, parce qu'elle ne serait plus la vie. En la cherchant, constate Gilgamesh, désabusé, à la fin de son épopée, « je n'ai fait aucun bien pour moi-même ». Notre fascination pour le progrès, cette course perpétuelle vers le toujours plus que nous ne cessons d'espérer, nous conduira-t-elle nous aussi à détruire la réalité de nos vies ?

VI

RETROUVER UN REPÈRE

« L'amour de la maison est déjà de la vie de l'esprit. »

La conscience comme distance

« Où vas-tu, Gilgamesh ? » Dans cette question maintes fois renvoyée au héros au cours de son épopée, se trouve peut-être toute une sagesse ancestrale qui nous parle encore aujourd'hui. Nous avons vu la modernité se fonder sur cette fascination pour le mouvement, qui lui fait regarder toute dynamique comme le signe d'un progrès : puisque tout est en mouvement, il nous faudrait épouser ce mouvement pour ne pas sombrer dans une inertie qui serait signe de mort.

Mais la question que notre société semble ne plus pouvoir se poser, c'est celle-ci : « Où vas-tu ? » On pourrait refermer cette interrogation, au motif que la révolution galiléenne semble l'avoir résolue à jamais. Le monde aristotélicien, celui dans lequel le mouvement pouvait s'achever dans un lieu de repos, a disparu du champ de la physique : pour les corps en mouvement dans l'univers, il n'y a plus nulle part où reposer. Il n'y a donc plus nulle part où aller : chaque parcelle de matière, à la surface de cette Terre que nous habitons, est saisie dans les cercles qu'elle décrit à l'intérieur de notre système planétaire, au milieu d'un univers en expansion. À quel endroit pourrions-nous prétendre un jour nous arrêter ? Vers quel point d'arrivée faudrait-il alors aller ? Il ne reste plus qu'à courir.

Pourtant, au milieu de cet univers matériel incontestablement mobile, un phénomène singulier fait irruption, qui s'appelle la conscience humaine. Par sa liberté, l'être humain est capable de prendre de la distance à l'égard de sa propre situation, de la considérer avec recul, de l'objectiver : il n'épouse pas totalement la matière de ce monde où son existence se déroule. C'est d'ailleurs, paradoxalement, ce que manifeste l'aventure de la révolution galiléenne : en découvrant que le mouvement est toujours relatif à un référentiel donné, et que notre planète devait être décrite comme un satellite du Soleil, Galilée faisait la preuve que nous pouvons nous abstraire de l'espace de référence de notre perception immédiate, et par l'effort de la raison observer nos propres mouvements en nous arrachant à la Terre. Pour reconnaître comme Héraclite que « tout s'écoule », et que le monde qui nous entoure est un fleuve dont le flux ne s'interrompt jamais, il faut s'être arraché à ce flux ; il faut être sorti du fleuve. Plongés dans l'eau, immergés dans son courant, nous ne le verrions pas couler… C'est en s'appuyant sur la stabilité de la berge que nous pouvons observer que l'eau du fleuve est en mouvement. Pour le dire autrement, décrire la rotation de la Terre suppose de s'en extraire : et c'est là ce dont sont capables la science et la conscience humaines. Cette première attitude qui nous est ouverte par elles, c'est celle de la contemplation : sortir du mouvement, s'arrêter pour l'effort de l'intelligence, et prendre le temps de penser ce qui est, ce qui a été, ce qui vient.

Par l'acte de notre conscience qui nous permet cette distance, nous ne sommes pas condamnés à subir la fatalité de ce mouvement continuel qui semble habiter la matière. Dans *Condition de l'homme moderne*, Hannah Arendt se penche sur cette spécificité du rapport de l'homme au monde : elle décrit la liberté comme la faculté, dans un monde physique et biologique marqué par le déterminisme, de tracer un chemin pour l'imprévu, l'indéterminé. La nécessité matérielle et organique a pour image le cercle, le mouvement toujours recommencé, qui ne s'interrompt jamais, qui n'a pas de finalité et ne peut avoir de fin. Cercle immense du mouvement des planètes, répété à l'infini. Cercle vital quotidien que constitue le retour cyclique du besoin et de sa satisfaction. Cercles dans lesquels nous sommes inscrits, bien sûr, comme voyageurs dans l'espace sur cette planète en mouvement, comme corps organiques condamnés chaque jour à travailler pour produire ce que notre consommation détruira.

Mais nous ne sommes pas qu'un corps : de la fatalité circulaire, le propre de notre esprit est qu'il peut nous affranchir. Au milieu du déterminisme de la matière, la conscience se détache comme une exception, qui nous abstrait du flux des atomes. Nous ne sommes pas prisonniers du mouvement perpétuel : notre regard conçoit le référentiel stable dans lequel ce mouvement s'analyse ; et dans le cercle éternel de la matière, l'action humaine tranche par sa capacité à tracer des lignes droites. Elle échappe donc à ce mouvement indéfiniment prolongé pour constituer une histoire – une histoire pleine de risques, d'erreurs, de drames, de gloires, de réussites, de succès ou d'échecs : autant d'objectifs atteints, dépassés ou manqués… Ces lignes que suit notre action ne sont pas déterminées, contrairement à la flèche du temps que la modernité pouvait croire tracée d'avance ; mais elles sont autant d'élans que notre conscience oriente vers un but, une fin, un point d'arrivée.

De ce point de vue, il serait évidemment absurde de considérer que l'humanité doit s'obliger à rester immobile. L'être humain ne se laisse pas figer dans la passivité, et c'est tant mieux. Bien sûr, il nous faut reconnaître la valeur des biens dont nous héritons, et la vulnérabilité de ces équilibres complexes qui font le trame du réel, qu'il serait fou de prétendre abolir au nom de nos rêves. Mais ce qu'il y a de bon dans le monde ne saurait demeurer ni s'améliorer encore, ce qu'il y a en lui d'inachèvement et d'injustice ne saurait se résoudre, sans l'effet de nos libertés. À la fascination moderne pour le mouvement perpétuel, on ne saurait donc opposer un éloge de la fixité ; et à la croyance systématique dans le progrès, ne peut répondre une passion tout aussi dogmatique de l'inertie.

Il est ridicule de considérer que changer est bon en soi – et tout aussi ridicule de considérer que ne pas changer est en soi un impératif. Le débat public comme nos discernements personnels sont vides s'ils se contentent d'opposer le mouvement à la conservation. Rien n'est stupide comme l'injonction de « bouger », si ce n'est peut-être l'injonction de « ne pas bouger ».

Pour ne pas laisser nos vies à l'antagonisme de ces deux folies réciproques, il nous reste simplement à retrouver la sagesse de cette question : « Où vas-tu ? » Rester immobiles par principe ne serait pas moins absurde, pour nos intelligences, que d'être mobiles simplement par enthousiasme pour le mouvement. Un seul principe peut constituer la signification de nos choix dans ce monde habité par nos libertés, et c'est le point d'arrivée que nous voulons nous fixer.

Rien de moins que l'éternité

Le mouvement circulaire des corps célestes, le cercle infiniment répété des nécessités organiques, semble avoir aussi peu de sens que le geste de Sisyphe indéfiniment répété pour porter en haut de la montagne le rocher qui est voué à retomber aussitôt. Sa punition éternelle porte le caractère de l'absurdité absolue, qui se condense dans cette certitude tragique : il n'y a pas de lieu où Sisyphe puisse espérer poser définitivement son fardeau, et se reposer avec le sentiment du devoir accompli, de l'objectif atteint, du projet réalisé. Nous ressemblons à ce malheureux condamné lorsque nous nous imposons de continuer d'avancer sans que nous puissions nous représenter un point d'arrivée pour notre effort. Tout mouvement sans finalité est une malédiction absurde.

Les voies où notre liberté s'engage ont un sens, dans l'exacte mesure où elles ont une issue, où elles conduisent vers un point d'arrivée qui pourrait mettre fin à notre déplacement. Le mouvement ne se comprend qu'à partir de ce qui lui échappe, montrait déjà Galilée ; c'est une autre manière de dire qu'un monde où tout est en mouvement serait pour notre liberté un monde incompréhensible, absurde – un monde dépourvu de sens. Notre conscience constitue une capacité de prendre une distance par rapport au cercle ininterrompu du déterminisme physique, organique, et ainsi elle permet notre engagement dans un mouvement qui a une direction choisie, une orientation réfléchie ; mais pour cela, il faut que ce mouvement se dirige vers un point fixe, vers un but qui lui-même échappe au mouvement.

Toute activité humaine, tout élan, toute dynamique trouve sa signification dans la mesure où elle vise ce point d'arrivée immobile qui donne sens à nos mouvements. Les trésors d'énergie que déploie la science, par exemple, ont pour but de parvenir à approcher la connaissance de la vérité sur la diversité des objets qu'elle étudie. Or, ce qui caractérise cette vérité, c'est son éternité : toute vérité échappe au temps. L'esprit humain peut s'approcher d'elle, parce qu'elle-même ne se déplace pas. L'affirmation selon laquelle un plus un est égal à deux, ou la propriété du triangle dont la somme des angles est de 180 degrés : voilà des énoncés dont la validité ne saurait varier avec le temps. La science elle-même se déploie dans le temps, bien sûr : elle découvre peu à peu de nouvelles connaissances, de nouvelles vérités, qui ajustent l'une après l'autre notre représentation du réel. Mais si la science a une histoire, c'est celle d'un mouvement vers cette vérité qui n'en a pas, et dont la nécessité est étrangère à nos découvertes. L'histoire des sciences a un sens, parce que les sciences s'approchent peu à peu dans le temps de ce qui est extérieur au temps. Et on peut parler de ce cheminement de la science comme d'un progrès, si l'on considère ce cheminement par rapport à l'objectif immuable que constitue la vérité, vers laquelle tout chercheur tente simplement d'avancer.

On ne peut donc parler de progrès que pour décrire un mouvement qui se connaît pour but un point d'arrivée immobile. Seul un objectif extérieur au mouvement peut satisfaire réellement l'aspiration de nos consciences à un élan qui ait un sens, qui puisse être intérieurement compris – et non uniquement décrit de l'extérieur, à l'image de ce mouvement circulaire de la matière qui ne saurait être interprété comme poursuivant un achèvement simplement possible, et encore à réaliser. Nous devons aspirer à avancer vers quelque chose qui n'avance pas, qui ne change pas, qui ne se transforme pas – à progresser, toute notre vie s'il le faut, vers ce qui demeure. Parce qu'il n'y a de progrès véritable que si quelque chose demeure dont nous pouvons nous approcher.

C'est pour cette raison que le monde du mouvement perpétuel est désespérant : il interdit tout progrès véritable. Il est donc, d'une certaine manière, celui de l'immobilité absolue… Dans l'univers physique de Galilée, tout ce qui paraît fixe peut être décrit comme mobile ; mais tout mobile peut aussi, à d'autres égards, être décrit comme figé. Le fleuve s'écoule si la berge est stable, s'il croise la pile d'un pont, si un bateau le remonte ; si tout est fleuve, si le même flux charrie tout, alors tout s'écoule, et cependant tout est inerte, et chaque objet emporté par le courant en est un prisonnier immobile. Paradoxalement, un monde où tout est mobile est un monde où le mouvement est impossible. Pour sauver la possibilité du mouvement, il faut que quelque chose échappe au mouvement.

C'est là tout le sens de la révolte philosophique que Socrate et Platon veulent incarner face à la tentation sophistique. Héraclite décrivait un monde constitué de flux, un univers où « tout s'écoule » ; et de là, les sophistes tiraient l'idée que, le langage n'ayant plus rien de stable à décrire ou à fixer, il pouvait être employé en tout sens, à partir du seul critère de l'efficacité rhétorique. Mais cet usage des mots ne peut que finir par les vider de leur sens. Si tout est mobile, toute parole est nécessairement périmée aussitôt qu'elle est prononcée : la liquéfaction du réel ne peut que conduire à la liquidation du langage.

La démarche philosophique se cristallise en réaction à cette liquidation : elle postule que la réalité n'est pas constituée que de flux. Que la vérité constitue un point fixe vers lequel diriger notre pensée et notre parole. Et comme la recherche scientifique, elle reconnaît dans cette vérité quelque chose qui échappe au temps, à la variation des opinions, aux modes passagères, aux changements de société. Ce point fixe seul peut donner son sens à la parole et à l'action humaine. Il en est ainsi, singulièrement, de la politique : nos conceptions de la justice évoluent, bien sûr ; mais la justice, dans son principe, ne change pas avec les sondages ou avec les pratiques communément admises. L'esclavage a été pratiqué dans le passé par une immense majorité des sociétés humaines : il n'en demeure pas moins que l'esclavage est une injustice. Il l'était déjà quand il était majoritairement pratiqué à la surface du globe ; et c'est parce qu'il a toujours été, dans l'absolu, injuste et injustifiable, que quelques consciences d'abord infiniment minoritaires ont lutté pour montrer le scandale qu'il constituait, et pour parvenir à son abolition. Il y a des choses qui ne changent jamais : l'esclavage est, a toujours été, et sera toujours une injustice absolue, quel que soit le nombre d'humains qui ont pratiqué ou qui, hélas, pratiqueront cette injustice.

La justice est donc, dans son principe, extérieure au temps, étrangère au mouvement ; elle est éternelle. Il en va exactement de même du bien, du beau, du bonheur, de la paix… Définir chacune de ces réalités, savoir ce qu'elle est, voilà bien sûr une quête infinie pour nos intelligences, une recherche qui ne sera jamais achevée. Mais ce mouvement de recherche a un sens, en tant qu'il peut nous permettre de nous rapprocher de ce point fixe qui constitue l'objet de notre effort théorique, éthique, politique : nous pouvons désirer un changement qui orienterait notre société vers plus de justice, et appeler « progrès » le mouvement collectif qui nous rapprocherait d'elle. Mais pour que ce progrès soit possible, encore faut-il que nous reconnaissions ce point fixe vers lequel nous nous dirigeons, même sans le connaître parfaitement.

Voilà ce vers quoi notre action peut se diriger, pour tracer un sillon qui ait un sens au milieu du déterminisme de la matière, et dessiner la ligne droite qui nous fait sortir du cercle absurde du mouvement perpétuel. La conscience humaine ne vise à rien de moins que l'éternité. Et c'est précisément ce que professe la philosophie naissante face à la sophistique : quand l'intelligence n'a d'autre but que de changer aussi vite que les ombres qui passent, elle devient inconsistante comme elles, et tout aussi inféconde. De la même manière, quand le progressisme moderne s'enorgueillit d'être l'art d'épouser au mieux le mouvement, quand il considère par principe qu'il faut changer, bouger, évoluer, alors il détruit la possibilité de tout progrès authentique.

Sauver la possibilité du mouvement

L'enjeu essentiel des temps à venir se trouve, sans aucun doute, dans notre capacité à répondre à cette fascination pour le mouvement, si ancienne, et si caractéristique cependant de l'essence même de la modernité. L'accélération des innovations techniques est à la fois la conséquence et l'auxiliaire de cette fascination : elle nous donne le sentiment que tout change autour de nous, que nos capacités ne cessent de se transformer, et qu'il nous faut nous hâter sans cesse de nous adapter à la révolution perpétuelle de nos manières de vivre, d'habiter, d'agir, de communiquer. Alors même que notre pouvoir technique ne cesse d'augmenter, cette révolution permanente nous laisse le sentiment que nous n'avons plus aucune prise sur rien, que nous sommes incapables de reprendre le contrôle de notre destin – et même, pour commencer, de notre simple quotidien. Notre capacité d'attention, notre présence au monde, notre maîtrise de ces outils qui ne cessent de se renouveler dans nos mains, tout cela semble peu à peu nous échapper. Nous sommes devenus les jouets de nos propres outils ; individuellement et collectivement, nous redoutons de n'avoir plus aucun pouvoir sur le pouvoir de notre propre technique ; nous nous sentons emportés par le courant de ce fleuve qui saisit tout dans son flux. Dans un monde qui ne cesse de changer, où nous courons de plus en plus pour nous fondre dans l'accélération du temps, nous nous sentons paradoxalement immobiles, tétanisés, emportés par le courant sans plus pouvoir mettre la main sur notre propre devenir. Nous l'avons vu, si tout est en mouvement, le mouvement devient impossible.

À l'enthousiasme moderne pour le mouvement, répond alors le cri de l'angoisse que cette accélération fait naître. Aux certitudes du progressisme s'oppose une réaction parfois silencieuse, parfois plus explicite, et qu'on décrira ordinairement par le mot de conservatisme. Le conservatisme désigne un mouvement de pensée qui, en réalité, est généralement très méconnu de ceux qui emploient ce terme, que ce soit pour se moquer ou, plus rarement, pour se définir. Loin de la théorie politique qui l'a forgé, ce mot a fini par désigner, dans les débats contemporains, le refus du changement, la volonté de figer la situation, d'arrêter le mouvement, de *conserver* le monde en l'état

– comme l'expression *conservateur* semble vouloir l'indiquer. Ceux qui trouvent que le monde va trop vite chercheront à défendre un point d'arrêt ; ceux qui pensent qu'il est déjà allé trop loin, et que l'on désignera sous le nom infamant de « réactionnaires », revendiqueront même la volonté de « revenir en arrière ».

De telles réactions sont parfaitement compréhensibles d'un point de vue psychologique : perdus dans un monde de flux, beaucoup se mettent à chercher une manière de mettre fin au tournis qu'il suscite. Il est naturel que l'accélération économique, technique, politique, engendre par contrecoup ce désir de stabilité. Mais une chose est sûre : nous ne sortirons pas de la fascination du mouvement par l'éloge de l'immobilité. La volonté de tout remplacer par principe est une idéologie absurde, mais tout aussi absurde serait la volonté de tout conserver, par principe. Poursuivre dans la voie du changement perpétuel est une folie, tenter de figer le monde est une lubie.

À la passion du changement, ce n'est pas la passion de l'immobilité qui doit répondre, mais la sagesse d'un discernement. Où allons-nous ? Quel est le but de notre action ? Quelle est la fin de nos mouvements ? Visons-nous le bien, le bonheur, la justice ? Cette fin que nous nous fixons, sans doute ne l'atteindrons-nous jamais complètement ; cela n'empêche pas que nous puissions nous en rapprocher. Et alors nous aurons fait, authentiquement, un progrès. Mais pour cela, nous l'avons dit, il faut que nous soyons certains de poursuivre une finalité qui ne change pas, qui puisse mettre fin au mouvement si jamais nous l'atteignons – une réalité qui demeure. Et qui, parce qu'elle demeure, donne un sens à chacun des pas que nous faisons vers elle.

Ce qui est en jeu, ce n'est pas d'arrêter le mouvement ; c'est au contraire de sauver la possibilité d'un mouvement authentique. Pour qu'un changement effectif nous approche du meilleur, encore faut-il un point d'appui : « Donnez-moi, demandait Archimède, un point fixe et un levier, et je soulèverai la Terre. » Si l'on nous refuse tout point fixe, nos leviers même les plus puissants ne nous serviront à rien... En affirmant que tout est mobile, on tue en fait le mouvement. Le progressisme a détruit l'idée de progrès en décrivant le changement comme nécessaire par principe. Il faut sauver de cette illusion absurde les progrès véritables dont nous avons besoin : et voilà comment nous pourrons remettre la main sur notre propre destin. Quand on nous parlera d'une évolution nécessaire, d'une adaptation évidente, d'un changement qui s'impose, contentons-nous de demander : où allons-nous en suivant cette voie ? Quel bien, dans l'absolu, avons-nous à en retirer ? Serons-nous meilleurs, plus justes ? Plus authentiquement heureux ? En adoptant ce pessimisme de méthode que nous recommandait Jonas : sommes-nous certains de ne pas détruire un bien dans ce monde qu'on nous propose de changer, de ne pas causer une injustice envers le présent ou l'avenir ? Savons-nous où nous allons ? En nous posant ces questions, nous retrouvons à chaque fois l'effort de la conscience qui nous arrache aux déterminismes réels ou supposés. Nous nous redonnons le moyen de tracer nous-mêmes ces lignes droites que notre action se donne pour cap, plutôt que de subir le mouvement permanent qui voudrait s'imposer à nous. Et ainsi, nous reconstituons la possibilité d'un mouvement qui ait un sens – la possibilité d'un progrès authentique. Il ne s'agit pas de figer le changement, ou de retourner en arrière. Il s'agit de retrouver le sens du changement ; et de repartir de l'avant...

Habiter le monde

Le fait que la conscience humaine reconnaisse des points fixes à travers la matérialité mouvante de l'univers physique est ce qui sauve le mouvement de sa réduction à l'immobilité paradoxale du cercle toujours recommencé. Le monde que nous habitons n'est pas que de matière ; pour que nous puissions l'habiter, pour que ce monde soit habitable, il faut encore que l'esprit y distingue ce qui échappe au mouvement, et qui donne sens à nos déplacements.

Habiter le monde est tout autre chose que s'y abriter. Il ne suffit pas à l'être humain de trouver un refuge qui le protège des intempéries, qui lui garantisse une protection contre les dangers extérieurs. Aucun être humain n'a simplement besoin d'un « toit ». Nous avons besoin d'une demeure, d'un lieu où se retrouver, qui devienne un lieu familier, un point fixe, un repère autour duquel le monde entier s'organise. La maison est le centre construit par une liberté, par une mémoire, une expérience, et autour duquel s'organise la conscience que j'ai de l'univers entier ; elle est le foyer qui détermine la différence entre le proche et le lointain, le connu et l'inconnu, l'ordinaire et l'exotique. Dans une conférence prononcée en 1951, intitulée « Bâtir habiter penser »[1], Heidegger montre combien la conscience se mêle à la matière pour former ce que nous appelons un monde, un monde vivable, un monde qui convienne à l'homme. Nous ne sommes pas des corps en déplacement dans un espace géométrique indifférencié : nous sommes des sujets qui déterminent par leur mémoire collective et personnelle, par leur pensée, ces points fixes toujours singuliers où s'enracine chacune de leurs vies.

Bien sûr, au sens purement physique du terme, ce que nous bâtissons est emporté comme toute réalité physique dans le mouvement universel, et menacé lui aussi par l'universelle usure du temps. Dans l'ordre géométrique, rien n'est modifié par nos constructions humaines. Et quand il s'agit précisément d'organiser l'espace, du point de vue de la rationalité abstraite de l'État moderne, l'enjeu est d'accompagner la mobilité des individus, en construisant un plan d'aménagement efficace, un réseau de transports rapide, des « zones » pour chaque activité, et une politique du logement bien calculée. Mais cette rationalité administrative manque sans doute l'essentiel : l'homme n'a pas seulement besoin de se loger, mais plus encore d'habiter. Rien n'est plus uniforme que le « logement » ; rien n'est plus singulier que le foyer. Et rien n'est plus

1. *In Essais et conférences*, Gallimard, 1958.

nécessaire à l'homme que ce foyer singulier autour duquel s'organise un monde entier.

Dans un espace où se croisent des individus sans origine et sans destination, il faut construire des « logements » qui seront comme les points de passage où viendront se « loger » ces mobiles en déplacement que nous sommes devenus. Le logement dit le caractère purement physique de ces boîtes indifférenciées où les humains sont assignés, « espaces fonctionnels » où ils pourront faire les haltes que le rythme du quotidien voudra bien leur accorder – comme une bille en bout de course vient se loger dans l'espace vide aménagé pour la stocker. Nous n'avons jamais accordé aussi peu d'importance à nos demeures ; elles ne sont plus pour nous que ce dans quoi nos corps lassés viendront se poser un instant avant de pouvoir repartir. Nous n'avons jamais aussi peu habité nos habitations : notre travail comme nos loisirs supposent aujourd'hui une itinérance continuelle. Jamais dans l'histoire, même chez les peuples nomades, l'homme n'avait consacré autant de temps de sa vie à se déplacer – alors même que, nous l'avons dit, nos moyens de transport n'ont jamais été aussi rapides…

Nous n'avons jamais aussi peu habité, parce que notre rapport au monde est devenu relation à un espace indifférencié, où la mobilité universelle nous impose pour seul critère celui de l'utilité, de la rentabilité. Or l'habitation se caractérise par ce qu'elle installe dans le monde de gratuit, de superflu, de singulier – par ce qui fait qu'elle est une demeure familière, dont la singularité entretenue et mûrie échappe à tout calcul. Des grottes même où ils vivaient, nos lointains prédécesseurs ont peint les parois et orné les abords, de telle sorte qu'elles gardent aujourd'hui encore la trace de ceux qui y ont vécu, et qui les ont transformées d'abris en habitations. Ces peintures n'étaient pas « fonctionnelles », elles n'avaient pas de raison d'être autre que celle de fixer dans l'espace le signe de la conscience humaine installant son domaine – et faisant reconnaître sa demeure à ce signe distinctif : la capacité de construire et d'orner sans être déterminé par la seule nécessité.

La grotte aurait suffi pour se loger ; la peinture était nécessaire pour habiter. Sur toute la surface de la Terre, l'homme montre son humanité dans cet excès, ce superflu que constitue l'art d'habiter. Même soumis à l'étau le plus violent de la contrainte naturelle, il ne se contente pas de trouver refuge, de se loger à l'abri : il en fait plus, il en fait de trop, et installe au cœur des environnements les plus hostiles le luxe simple mais superflu de la civilisation. Au milieu du désert, sur les pôles – et jusque sur la mer, dans l'aménagement de l'espace si contraint d'un bateau, l'être humain crée des espaces vivables, et il les marque d'ornements, de coutumes, de rites, qui font que chacun de ces espaces devient le lieu où se construit et s'entretient un monde intérieur, un monde authentiquement humain.

Dans ce superflu qui distingue l'habitation du logement, il y a sans aucun doute ce qui est le plus nécessaire à l'homme – ce besoin d'enracinement dont Simone Weil disait qu'il est l'un des besoins vitaux de l'âme humaine[1].

---

1. Cf. Simone Weil, *L'Enracinement. Prélude à une déclaration des devoirs envers l'être humain*, Gallimard, 1949.

Pour notre conscience, l'enracinement n'implique pas l'immobilité ; il représente simplement cet effort fait pour construire un lieu singulier, qui ne sera plus jamais un simple lieu de passage. Le foyer se distingue parce que celui qui l'a bâti en a fait quelque chose de plus que ce qu'exigeait le simple impératif de l'utilité : au cœur du foyer, il y a le feu, c'est-à-dire la condition de la vie, l'amour qui réchauffe et qui réunit.

Ainsi, on pourrait produire des logements identiques à l'infini, mais on ne trouve pas deux foyers identiques. Le foyer est demeure, parce qu'il excède la circularité organique du besoin, et ainsi fonde une histoire, à partir du point central qu'il installe. On ne peut penser la demeure qu'en se fondant sur le sens du temps long, de ce qui nous survivra. Car la demeure se transmet : en elle se concentrent nos souvenirs, nos expériences passées, celles qui nous relient aux générations qui nous ont précédés, la mémoire familiale et le sentiment qu'elle crée de cet univers familier qui s'organise autour d'elle. Si tout est mobile et changeant, si tout est saisi dans la fluidité de l'instant, alors rien ne demeure, et il ne nous reste plus pour fondations que la seule immédiateté de nos besoins du moment.

Il suffit de sortir des quartiers historiques aujourd'hui figés en musée, de traverser les périphéries, les zones de toute sorte, pour constater que la modernité a largement perdu le sens de la demeure. Comme si nous ne savions plus habiter, ni bâtir, ni penser, ce qui demeure. La construction s'uniformise à la faveur d'une pure rationalité économique. Ce n'est pourtant pas une question de moyens : pendant des siècles, et il y a quelques décennies encore, la simple longère du paysan le plus modeste avait, malgré son inconfort, un souci esthétique évident – dans la forme d'une fenêtre, l'arrangement d'un mur, le pas d'une porte ; dans ce détail inutile qui la rendait singulière. Seule la rationalité moderne a considéré l'habitat avec un regard purement fonctionnel. Disposant d'infiniment plus de capacités techniques que les générations qui nous ont précédés, nous construisons pourtant un bâti bien plus éphémère, qui n'essaie même plus de se hisser un peu au-delà de l'horizon de la nécessité immédiate. Plus rien de superflu ou de gratuit ne peut déborder de notre rapport calculé à l'espace, et ce calcul uniformise nos paysages dans une froide indifférence.

Les grands ensembles urbains du monde occidental me rappellent toujours ce film soviétique de 1975, *L'Ironie du sort*. Rentrant passablement éméchés d'une soirée de nouvel an, trois amis prennent l'avion pour rentrer chez eux, et confondent leurs vols respectifs. Le personnage principal du film, Jénia, se réveille à l'arrivée de son vol. Il devait rentrer chez lui à Moscou, il est en fait à Leningrad, mais il ne s'en rend pas compte : il donne son adresse au taxi, qui l'emmène dans une rue exactement semblable à la sienne ; l'aménagement des villes est si standardisé, que la clé de chez lui ouvre même la porte de cet appartement situé dans un immeuble semblable au sien, sur le même palier, à quelques milliers de kilomètres de là où il croit se trouver. Le mobilier industriel n'offre aucune singularité qui lui permettrait de réaliser sa méprise… Au fond, Jénia n'a pas de « chez-lui » qui lui soit assez personnel pour être différent de n'importe quel autre foyer.

Ce film d'Eldar Riazanov s'ouvrait sur une petite animation mettant en scène avec ironie l'uniformisation des villes soviétiques, faites de grands ensembles tous semblables. Nous ne sommes pas en URSS, et nous ne recourons pas à la planification bureaucratique pour construire nos villes. Mais nous croyons encore qu'une « politique du logement » doit être organisée pour répondre à un besoin de logements. L'intention est généreuse, et le besoin réel ; mais le résultat est terrifiant. Parce que, en construisant de manière accélérée des bâtiments uniformes, conçus dans l'économie générale des déplacements, du travail et des loisirs, nous avons inventé les mêmes villes inhumaines que celle où Jénia se perdait sans pouvoir distinguer son « chez-lui ». Sans doute ne mesurons-nous pas assez la violence faite à l'humain dans nos « politiques du logement » : elles se voulaient légitimes dans la mesure où elles satisfaisaient un besoin. Mais ce qui est simplement nécessaire à l'homme dépasse de très loin la simple satisfaction de ses besoins. Il ne suffit pas que le corps soit à l'abri : l'âme aussi a des droits.

Le principe de notre activité, politique ou économique, est désormais de répondre à un besoin matériel immédiat, dans l'instant où il se présente. C'est cette réduction du politique à l'économique, et cette réduction de l'économique à l'instantané, qui nous a conduits à perdre toute générosité envers l'avenir, et avec elle le sens même de la demeure. Ce principe a en effet pour conséquence nécessaire une incapacité profonde et nouvelle à penser le long terme, et à construire pour le long terme. La modernité, en se définissant comme l'obsession du mouvement et du flux, en postulant que rien ne dure, ne pouvait que nous conduire à perdre cet effort de la demeure, dans ce qu'il suppose d'adhésion aux permanences qui nous relient aux générations qui viendront. Si tout s'écoule, il n'y a plus qu'à se loger – en imaginant même l'abri le plus précaire possible, le plus parcimonieux, le plus indifférent, pour qu'il ne nous retienne pas trop à l'écart des flux qui font désormais l'essentiel de l'existence. Pourquoi parier sur ce qui dure, quand tout semble devoir bouger sans cesse ? Pourquoi dessiner une singularité qui puisse se transmettre ? Tout est toujours changé, altéré, réformé ; mieux vaut opter pour l'interchangeable. Ainsi nous avons laissé s'écrouler sans trop de nostalgie les vieilles demeures, pour nous installer dans des logements neufs et « pratiques », mais sans âme, sans grâce, et qui ne nous survivront pas – peut-être n'ont-ils jamais eu d'âme précisément parce qu'ils ne nous survivront pas...

La révolution industrielle a bouleversé les modes de construction, et incarné ainsi ce nouveau rapport au temps introduit par la modernité. Spectateur de cette révolution, Friedrich Nietzsche constate l'influence sur l'architecture de cette incapacité inédite à penser pour le long terme, les conséquences sur l'habitat de notre passion du mouvement. De cette nouvelle manière de construire, il fait l'occasion d'une méditation sur l'avenir, qui trouve toute sa place dans les *Considérations inactuelles* :

> Je parcours les nouvelles rues de nos villes, et j'imagine que de toutes ces affreuses maisons construites par [cette] génération, il ne restera plus rien dans un siècle, et qu'alors les

opinions de ces constructeurs de maisons se seront probablement écroulées elles aussi. Combien, au contraire, ceux qui n'ont pas le sentiment qu'ils sont les citoyens de ce temps ont le droit d'être pleins d'espérance. S'ils étaient de ce temps, ils contribueraient à sa destruction et périraient avec lui, tandis qu'au contraire ils veulent éveiller le temps à une vie nouvelle, pour se perpétuer dans cette vie même[1].

1. Friedrich Nietzsche, « Schopenhauer éducateur », *in Considérations inactuelles*, traduction Henri Albert, *Œuvres complètes*, vol. 5, tome 2, Mercure de France, 1922.

VII

LA VRAIE VIE EST AILLEURS

« Je hais mon époque de toutes mes forces. L'homme y meurt de soif. »

« Frères qui trouvez beau tout ce qui vient de loin »

« Éveiller le temps à une vie nouvelle, pour se perpétuer dans cette vie même » : c'est bien de cette vie retrouvée qu'il est question, de cette vie que notre incapacité à demeurer semble mettre en danger. Vivre, nous dit la modernité, c'est bouger, être en mouvement, changer sans cesse. Vivre vraiment, c'est ne pas se fixer.

Ainsi ce mot de Gide, dans *Les Nourritures terrestres*, qui m'a longtemps étonné comme un étrange commandement :

> Nathanaël, je voudrais te faire naître à la vie. (...) Nathanaël, je veux t'apprendre la ferveur.
>
> Nathanaël – ne demeure pas auprès de ce qui te ressemble ; – ne demeure jamais, Nathanaël. – Dès qu'un environ a pris ta ressemblance, ou que toi tu t'es fait semblable à l'environ – il n'est plus pour toi profitable. Il faut le quitter. Rien n'est plus dangereux pour toi que *ta* famille, que *ta* chambre, que *ton* passé... Ne prends de chaque chose que leur éducation ; et que la volupté qui te vient d'elles te les épuise[1].

1. André Gide, *Les Nourritures terrestres*, livre II, *Mercure de France*, 1897.

Le propos de Gide vient expliciter, de manière forte et transparente, l'injonction propre au dynamisme contemporain : « Ne demeure jamais. » Il faut que rien au monde ne puisse devenir ton « chez-toi », ce lieu qui a pris ta ressemblance, ou auquel tu t'es acclimaté. Il faut que rien ne puisse te devenir *familier*, soit parce que tu t'es laissé façonner par un environnement singulier, soit parce que tu as bâti quelque chose qui te ressemble et qui t'inscrit dans la durée. Ce monde connu, cultivé, est dangereux, parce qu'il nous arrête : il devient un point d'arrivée, un havre vers lequel on retourne, quand la vie et sa ferveur consistent à avancer sans cesse – et donc sans lieu vers lequel aller. Pour que le monde soit ouvert à l'universelle circulation, il faut que rien ne nous soit familier. On connaît ce mot célèbre de Gide, dans le même ouvrage : « Familles ! je vous hais ! » Il apparaît en réalité deux fois sous sa plume : une fois pour dire le ressentiment qu'inspire le foyer familial, qui vit des joies qu'il ne partage pas avec l'univers – la maison de famille devenant l'emblème d'un particularisme décrit comme un pur égoïsme. Et cette haine apparaît une seconde fois, dans la bouche de Ménalque, « parti sans but », et qui raconte la joie d'une vie de pur mouvement, que les liens familiaux ne pourraient qu'entraver :

> Je traversai des villes, et ne voulus m'arrêter nulle part. Heureux, pensais-je, qui ne s'attache à rien sur la terre et promène une éternelle ferveur à travers les constantes mobilités. – Je haïssais les foyers, les familles, tous lieux où l'homme

pense trouver un repos – et les affections continues, et les fidélités amoureuses, et les attachements aux idées (…) ; je disais que chaque nouveauté doit nous trouver toujours tout entiers disponibles[1].

On comprend mieux, en lisant ces lignes, ce que peut signifier notre hantise de la demeure, notre refus de demeurer, notre peur de passer pour des demeurés si nous ne savons pas rester « toujours tout entiers disponibles » à l'aventure de chaque nouveauté. L'injonction faite à Nathanaël – « ne demeure jamais » – trouve ici son expression négative : la haine de ce qui nous lie, « les foyers, les familles », tout ce dans quoi nous pourrions être tentés de nous enliser, tout ce par quoi nous pourrions finir par ne plus bouger. Si vivre, c'est ne s'arrêter nulle part, alors nos ennemis mortels sont assez clairement désignés : pour rester en mouvement, il faut chasser de soi toutes les fidélités ; pour mieux épouser « les constantes mobilités », il ne faut épouser personne. Tout attachement est fait pour être quitté. Tout point d'arrivée doit devenir un point de départ. Toute limite doit être défiée. Ainsi, nous dit Gide, commence la vie ; ainsi « dans la volupté tu t'éveilles – puis me laisses – pour une vie palpitante et déréglée ».

Ces pages de Gide sont passionnantes, non parce qu'elles exprimeraient une attitude existentielle rare et surprenante, mais au contraire parce qu'elles ne font qu'aller au bout de notre fascination collective. Nous considérons

1. *Op. cit.*, livre IV.

facilement que vivre, c'est bouger – que la vie est mouvement. De cette identification, la conséquence logique, mais qui n'est trop souvent qu'implicitement assumée, est cette injonction nécessaire : « Ne demeure jamais. » Si la vie est dynamisme et changement, comment ne pas assumer ce nouveau commandement ?

Pourtant nous avons de bonnes raisons de douter que cette « vie palpitante et déréglée » puisse tenir ses promesses. Nous l'avons dit, il y a dans la soif permanente de changement le symptôme d'une incapacité à reconnaître et à aimer la réalité présente. De la même manière, dans notre refus de demeurer, il y a peut-être simplement une incapacité à habiter le monde, et à habiter ce que nous sommes en lui. La vie qu'on regarde comme un voyage, sans port d'attache et sans point d'arrivée, est d'abord une errance marquée par la vacuité et le désespoir.

C'est ce désespoir qu'a exprimé de façon inouïe « Le voyage » de Baudelaire. Il serait impossible d'en rassembler ici l'infinie richesse de sens… On ne saurait revenir assez souvent à cette méditation poétique et philosophique à la fois, qui fait du voyage, thème cher à Baudelaire, l'allégorie même d'une vie habitée par un désir inextinguible, qu'aucun objet ne saurait satisfaire. Ce désir infini qui nous met en mouvement n'est pas arrêté lorsqu'il obtient satisfaction, au contraire : « La jouissance ajoute au désir de la force », elle projette aussitôt ce désir vers un nouvel objet. Comme l'imagination dont nous parlait Rousseau dans *La Nouvelle Héloïse*, le mouvement du désir se nourrit de la déception éprouvée devant les trésors lointains que nous avions rêvés, et dont l'expérience réelle nous repousse encore plus loin – vers de nouvelles déceptions ?

> Ah ! que le monde est grand à la clarté des lampes !
> Aux yeux du souvenir, que le monde est petit[1] !

Alors bien sûr, certains voyageurs se mettent peut-être en route pour un objectif précis, qui peut être atteint ; et ils rentrent ensuite chez eux. Pour Baudelaire, l'essence du voyage n'est pas là : elle ne peut être que dans un mouvement ininterrompu, parce que ce mouvement est pour lui-même sa seule véritable fin.

> Mais les vrais voyageurs sont ceux-là seuls qui partent
> Pour partir ; cœur léger, semblables au ballon.
> De leur fatalité jamais ils ne s'écartent,
> Et, sans savoir pourquoi, disent toujours : Allons !
>
> Ceux-là dont les désirs ont la forme des nues,
> Et qui rêvent, ainsi qu'un conscrit le canon,
> De vastes voluptés, changeantes, inconnues,
> Et dont l'esprit humain n'a jamais su le nom !

Ce monde rêvé du désir, ce songe évanescent, ne peut que discréditer en retour le monde réel que nous avons sous les yeux, et nous presser de repartir encore. On

---

1. Cette citation et les suivantes sont tirées du poème « Le voyage », *in Les Fleurs du mal,* Michel Lévy frères, 1868.

retrouve les mêmes mots sous la plume de Baudelaire et de Gide, et notamment cet attrait pour la « volupté » qui nous est promise par nos rêves de voyageur, ce désir d'être comblé qui fait le ressort intime d'un voyage que rien ne conclut.

> Notre âme est un trois-mâts cherchant son Icarie ;
> Une voix retentit sur le pont : « Ouvre l'œil ! »
> Une voix de la hune, ardente et folle, crie :
> « Amour, gloire, bonheur ! » Enfer ! c'est un écueil.

La douloureuse lucidité poétique de Baudelaire vient révéler l'envers brutal de l'enthousiasme professé par Gide ; comme notre expérience pourrait, si nous acceptions de l'écouter un instant, nous dissuader de l'errance euphorique qui caractérise la modernité ; non, le mouvement perpétuel ne nous comble pas, au contraire ; il révèle seulement notre vide intérieur.

> Amer savoir, celui qu'on tire du voyage…

Ce que nous finissons par découvrir, c'est l'étendue de la frustration qui nous a plongés dans cette itinérance interminable. Celui qui veut par principe être en mouvement, celui qui considère qu'être en marche est bon en soi, exprime surtout par là une douloureuse impuissance à habiter le monde, une incapacité à demeurer, et à vivre.

« Je vivais dans la perpétuelle attente, délicieuse, de n'importe quel avenir, » écrit Gide. Pour trouver « délicieuse » toute réalité qui est à venir, n'importe laquelle, il faut mépriser ou haïr toute réalité présente. Il faut ne tenir à rien, n'être attaché à rien, n'avoir rien à perdre. Dans notre enthousiasme pour le changement, notre optimisme de principe envers l'avenir, nous sommes tous aujourd'hui de ces « vrais voyageurs » qui « partent pour partir », de ces « cœurs légers » que rien n'attache et ne retient, et qui veulent le mouvement pour le mouvement, la nouveauté pour elle-même. Nous sommes de ceux auxquels Baudelaire s'adresse, avec une forme d'ironie teintée de compassion :

> Frères qui trouvez beau tout ce qui vient de loin...

Pourquoi y a-t-il là une incapacité à vivre ? « Trouver beau tout ce qui vient de loin », c'est réciproquement considérer comme dépourvu d'intérêt tout ce qui est proche. C'est ne plus voir le prochain ; et ne plus estimer celui qui est le plus absolument proche – soi-même. C'est ne plus habiter sa vie, et son corps. Principe même, nous l'avons vu, du ressentiment : une haine du monde par amour de « ce qui est loin », de « l'outre-monde », de ce monde rêvé du désir qui serait, nous disait Rousseau, « seul digne d'être habité ». Si ce rêve est chimérique, ce n'est pas parce que nos désirs sont irréalisables : c'est parce que, dans chaque désir réalisé, l'objet tant désiré et finalement devenu proche perdra subitement son attrait. Ainsi, s'il devient le guide de nos vies, le dynamisme du désir ne peut que nous repousser toujours au-delà du réel. Ce mouvement permanent apparaît donc pour ce qu'il est : non pas une vie vraiment vécue, mais une vie dont la réalité sera toujours fuie par principe. Non pas le synonyme de la vie, mais son exact opposé.

C'est cette logique du désir, perpétuellement insatisfaite, qui fait que le voyageur baudelairien est l'une des figures du spleen : sa fascination pour le mouvement s'accomplit finalement en vertige fasciné pour la mort. Ainsi l'injonction de Gide – « Ne demeure jamais ! » – trouve-t-elle sa motivation la plus achevée, et la plus inévitable, dans le fait de fuir la vie elle-même, qu'il devient insupportable d'habiter… Ayant choisi de ne « jamais demeurer », le voyageur du poème se tourne, après avoir épuisé toutes ses déceptions, vers le lieu de la dernière découverte possible :

> Ô Mort, vieux capitaine, il est temps ! levons l'ancre !
> Ce pays nous ennuie, ô Mort ! Appareillons !
> Si le ciel et la mer sont noirs comme de l'encre,
> Nos cœurs que tu connais sont remplis de rayons !
>
> Verse-nous ton poison pour qu'il nous réconforte !
> Nous voulons, tant ce feu nous brûle le cerveau,
> Plonger au fond du gouffre, Enfer ou Ciel, qu'importe ?
> Au fond de l'Inconnu pour trouver du *nouveau* !

Loin d'être un appétit de vie, la passion pour le mouvement est plutôt le symptôme d'une incapacité à la vie, d'une forme de nihilisme déprimé. Certes, elle ne va heureusement pas si souvent vers ce plongeon radical dont nous parle ici Baudelaire. Mais ne reconnaissons-nous pas, dans notre désir frénétique de « trouver du *nouveau* », cette même incapacité à mesurer la valeur des biens que peut-être nous devrions éviter de perdre ? N'y retrouvons-nous pas cet « ennui » compulsif qui fait que tout finit si vite par nous lasser ? Ne reconnaissons-nous pas aussi que cette passion du nouveau nous « brûle le cerveau », et qu'elle nous a déjà trop souvent empêchés de réfléchir avec un peu de sagesse aux conséquences de nos choix ? « Enfer ou Ciel, qu'importe... » Une telle affirmation ne peut être que le cri terrifiant de celui qui, absolument, ne tient à rien, et qui veut seulement le changement « pour voir ». Elle fait sans doute écho à la difficulté incroyable que nos sociétés ont lorsque, face aux nouveautés qui se présentent à elles, il serait nécessaire de poser un choix raisonné, un choix qui ne suive pas seulement la loi supposée du mouvement de l'histoire, vers lequel il faudrait avancer – « Enfer ou Ciel, qu'importe... »

La dé-réalisation du monde

Le dynamisme, la passion de l'avenir, l'envie de changement, sont peut-être les symptômes bruyamment affichés d'une immense dépression collective ; de même, notre passion pour le mouvement n'est rien d'autre que le signe de notre incapacité à habiter et à assumer le monde.

Que signifie en effet habiter un monde ? C'est se situer dans un espace qui dépasse l'abstraction géométrique. L'espace euclidien est neutre, conceptuel, indifférencié :

chaque point est homogène à n'importe quel autre point. Un espace mathématique ne distingue pas l'ici et le là-bas : l'intelligence peut y circuler sans rencontrer d'obstacle ; dans le jeu du concept, elle peut franchir n'importe quelle distance sans le moindre effort. En fait, elle ne « franchit » pas les distances : la figure géométrique, quelle que soit sa taille, se donne à nous dans une forme d'immédiateté, de simultanéité. Dans notre expérience concrète, la distance représente un certain temps de traversée ; mais dans l'abstraction scientifique, en fait, la distance n'existe pas. Pour Euclide, un carré peut mesurer un centimètre de côté ou un million de kilomètres, il a exactement les mêmes propriétés : il n'est pas plus difficile à appréhender selon qu'il est plus grand, ou plus petit…

Habiter un monde, c'est à l'inverse faire l'expérience de la pesanteur des choses, de la résistance de la matière, de la consistance de l'espace. Le proche et le lointain ne sont pas pour moi homogènes, assimilables l'un à l'autre. Les lieux où a grandi ma famille ne sont pas équivalents à n'importe quelle autre surface égale : ils sont saturés de souvenirs, d'habitudes et d'images intérieures ; ils ont été peu à peu façonnés, décorés, usés aussi par les répétitions quotidiennes et les petits événements qui ont déposé leur trace dans la mémoire des murs et des meubles. Ils sont devenus une demeure à nulle autre pareille, le « chez-soi » qui devient une sorte de centre du monde. C'est « l'ici », autour duquel se dessinent des « là-bas » : là-bas, le lieu des vacances, habité par d'autres souvenirs, d'autres images, d'autres odeurs, d'autres peines et d'autres joies. Là-bas, ce pays qu'on a visité un jour, rendu précieux et unique par la distance qu'il a fallu parcourir pour l'atteindre. Là-bas encore, ces contrées jamais visitées, qui gardent un halo de mystère et qu'on ne peut qu'imaginer... Habiter un monde, c'est être quelque part, c'est-à-dire savoir qu'on ne peut être partout.

Tout se passe comme si la civilisation technologique avait un but essentiel, celui d'assimiler le monde à l'espace – de faire correspondre exactement notre expérience du monde aux propriétés de l'espace géométrique. Heidegger décrivait cette époque de la technique comme « la civilisation du téléphone » : il voyait en effet dans la téléphonie une première forme inédite d'abolition des distances. Cette expression peut prêter à sourire ; elle n'est pourtant pas absurde. Le téléphone est une étonnante étape dans cette rébellion contre la distance : il contribue à dé-réaliser le monde dans les résistances que son espace physique représentait pour nous. Désormais nous pouvons neutraliser l'éloignement des lieux, pour entrer en contact sans pourtant nous rencontrer ; libérés de l'obligation de nous retrouver quelque part, nous pouvons désormais être partout à la fois, et nous abandonner, grâce à nos téléphones désormais « mobiles », à l'élan de la « constante mobilité ».

Bien sûr, ce nouveau moyen de communication, dans son instantanéité, a constitué une opportunité extraordinaire pour pouvoir rester en lien malgré les distances, et il a ouvert de nouveaux champs de relation et d'action. Nous pouvons cependant reconnaître que, comme toute configuration technique, cette libération fonde en même temps un nouvel ordre de contraintes, plus oppressant que jamais. L'abolition des contraintes naturelles laisse toute la place à l'invasion des contraintes sociales. Pouvoir joindre n'importe qui depuis n'importe où, cela devient bientôt devoir être joignable tout le temps. Autrefois, à l'importun qui se présentait chez vous, on pouvait toujours échapper : « Que m'importe si l'on sonne, je n'y suis pour personne », chantait Trenet. Mais comment s'isoler quand votre portable vous suit partout ? Dans le monde du mobile, toute absence doit être justifiée, et le silence est inexcusable.

Mais ce n'est pas là le plus grand danger que porte avec elle cette universelle mobilité – après tout, il est normal qu'un nouveau mode de relation produise de nouvelles pratiques sociales, et sans doute apprendrons-nous peu à peu à en atténuer les excès. Le plus inquiétant n'est pas dans les conséquences du nouveau rapport à l'espace que cette technique traduit, mais dans son principe, dans le rêve même d'une dé-réalisation des contraintes liées à cette expérience du monde que nous avons choisi de révoquer. La « civilisation du téléphone » est celle qui neutralise, non seulement les distances, mais les corps, qui deviennent un paramètre négligeable dans les relations qu'elle permet. Peu importe où ils sont : l'espace physique devient aussi neutre que l'espace géométrique, et tout ce qui s'y trouve se transforme en abstraction… C'est l'expérience étonnante que raconte Proust, au tout début des lignes téléphoniques, décrivant ce qu'il ressentit lorsqu'il put « approcher [ses] lèvres de la planchette magique[1] ». Au départ, à cause des difficultés à établir la communication, « la seule pensée que j'eus, ce fut que c'était bien long ». La passion de la

1. Cette citation et les suivantes sont tirées du *Côté de Guermante, in À la recherche du temps perdu*, Gallimard, 1921.

vitesse nous conduit à nous irriter du moindre temps qui nous résiste, même lorsque nous venons d'économiser la durée d'un long déplacement… Mais vient ensuite le bruit du téléphone qui décroche – « un bruit abstrait – celui de la distance supprimée », et la conversation commence. Ce n'est pas seulement la distance qui se trouve ainsi supprimée par la médiation technique : c'est le corps lui-même ; au point que Proust, méditant sur cette expérience étonnante, voit dans le téléphone une anticipation de la mort… L'être auquel je parle est, littéralement, un disparu : je pense à lui et je lui parle sans le voir.

> C'est lui, c'est sa voix qui nous parle, qui est là. Mais comme elle est loin ! Que de fois je n'ai pu l'écouter sans angoisse, comme si devant cette impossibilité de voir, avant de longues heures de voyage, celle dont la voix était si près de mon oreille, je sentais mieux ce qu'il y a de décevant dans l'apparence du rapprochement le plus doux, et à quelle distance nous pouvons être des personnes aimées au moment où il semble que nous n'aurions qu'à étendre la main pour les retenir. Présence réelle que cette voix si proche – dans la séparation effective ! Mais anticipation aussi d'une séparation éternelle !

La technologie contemporaine entre en lutte contre le réel, parce qu'il est constitué de consistances qui sont autant de pesanteurs pour notre exigence de mobilité. La vie implique pourtant de les assumer – et si nous préférons les fuir, seule la mort pourrait nous offrir la perspective d'une absence de contrariétés. Vivre et habiter ce monde, exister et être un corps, suppose d'accepter un ordre de contraintes, une infinité de renoncements. Se trouver vraiment quelque part, c'est à chaque instant de cette présence renoncer à être ailleurs. Faire vraiment quelque chose, c'est ne pas faire tout le reste. Voilà ce à quoi nous ne voulons plus nous résoudre. Ainsi Ménalque, ce personnage que nous avons croisé dans *Les Nourritures terrestres* de Gide, explique-t-il sa passion du mouvement perpétuel :

> La nécessité de l'option me fut toujours intolérable ; choisir m'apparaissait non tant élire, que repousser ce que je n'élisais pas. Je comprenais épouvantablement l'étroitesse des heures, et que le temps n'a qu'une dimension ; c'était une ligne que j'eusse souhaitée spacieuse, et mes désirs en y courant empiétaient nécessairement l'un sur l'autre. – Je ne faisais jamais que ceci ou que cela. Si je faisais ceci, cela m'en devenait aussitôt regrettable. (...) Entrer dans un marché de délices, en ne disposant (grâce à Qui ?) que d'une somme trop minime ; en disposer ! choisir, c'était renoncer pour toujours, pour jamais, à tout le reste – et la quantité nombreuse de ce reste demeurait préférable à n'importe quelle unité.
>
> De là me vint d'ailleurs un peu de cette aversion pour n'importe quelle possession sur la terre – la peur de n'aussitôt plus posséder que cela[1].

Le refus de demeurer quelque part, la haine du familier s'expliquent donc finalement par l'angoisse de devoir assumer les limites propres à n'importe quelle identité particulière, à n'importe quelle demeure qu'on habite au

1. André Gide, *Les Nourritures terrestres*, livre IV, *op. cit.*

milieu du monde. C'est exactement de cela que nous ne voulons plus. Et ce refus explique le ressort profond de nos « progrès » techniques.

La technologie contemporaine nous semble peut-être se déployer sans ordre, à la mesure des innovations que l'inventivité scientifique rend plausibles. En réalité, en revenant sur l'histoire de l'époque moderne, jusque dans l'accélération inédite des dernières décennies, nous constaterons simplement que les développements de la technique semblent sous-tendus par un même objectif : celui de défaire les contraintes qui pèsent sur nous – toutes les contraintes qui précèdent et enserrent la liberté de l'individu, toutes les résistances qui s'interposent entre ses désirs et leur satisfaction.

Pour cela, il faut simplement supprimer les distances : Heidegger observait avec un peu de recul l'aventure spatiale. Pourquoi vouloir aller sur la Lune, sinon parce que nous ne supportons pas que quelque chose reste à distance ? À mesure que nous parvenons à le traverser, le cosmos disparaît : car une étoile, une planète, un satellite portent dans leur essence le fait qu'ils sont inatteignables, absolument distants de nous, et par là nécessairement enveloppés de mystère. Quand nous pouvons marcher sur la Lune, elle cesse d'être un astre dans l'univers pour devenir un prolongement de notre espace.

Il a fallu la civilisation moderne pour que l'homme se projette ainsi dans cette « conquête de l'espace » – et même pour que, tout simplement, il décrive tout l'univers comme un « espace ». Une fois posé ce postulat implicite, cette conquête ne saurait s'arrêter ; la dé-réalisation des distances ne saurait se satisfaire d'abolir une seule étoile. Aujourd'hui, l'un des entrepreneurs les plus connus de la Silicon Valley prépare la conquête de Mars, et en attendant d'y parvenir, construit une fusée pour desservir la Lune dès que possible par une ligne régulière… Il faut qu'aucun éloignement ne puisse rester substantiel, comme une contrainte à nos mouvements : la conquête de l'espace est l'un des symptômes de la dé-réalisation du monde.

L'obsession de la vitesse en est un autre aspect particulièrement significatif : la contrainte des distances se traduit pour nous par la quantité de temps nécessaire pour les parcourir. Vouloir aller de plus en plus vite, c'est vouloir réduire cette contrainte, et tendre vers sa suppression. C'est sur cet objectif implicite que s'acharne le « progrès » technique aujourd'hui : il ne nous suffit pas d'avoir partout du réseau, il faut que son débit soit de plus en plus rapide. Nous construisons nos sites et nos applications pour que « l'expérience utilisateur » soit la plus fluide possible, pour pouvoir aller avec le moins d'étapes d'une question à sa réponse, d'un besoin à sa satisfaction. Le web devient un univers où la pesanteur est abolie – un monde où la circulation est aussi instantanée que dans un espace géométrique. Et ce n'est pas seulement le virtuel qui s'offre ainsi à une expérience sans contraintes : la circulation physique des personnes et des biens est en train de se greffer sur ce réseau pour tendre, comme lui, vers l'instantanéité. Les plates-formes de livraison sont engagées dans une course de vitesse : un clic suffit aujourd'hui pour être livré le jour même. Dans les grandes métropoles, un nouveau service est testé en ce moment pour que vous receviez dans les deux heures l'objet que vous commandez ; demain, un drone vous l'apportera dans les minutes qui suivront. Notre technique et notre économie n'ont qu'un but : tendre vers l'immédiateté. Il ne s'agit pas seulement de vous permettre d'aller quelque part, mais de réduire au maximum le temps nécessaire au voyage ; ni de répondre à votre désir en vous apportant l'objet que vous voulez consommer, mais en vous l'apportant tout de suite.

Quel rêve poursuivons-nous par là ? Peut-être sommes-nous convaincus, au fond de nous-mêmes, que cette immédiateté absolue, si elle pouvait être atteinte, nous permettrait de vivre concrètement l'expérience de Ménalque : si, par les prodiges de la technique, notre monde devenait similaire à un espace géométrique, si nos corps pouvaient se défaire des pesanteurs de la matière pour atteindre l'instantanéité du virtuel, nous pourrions réellement être partout à la fois, tout faire en même temps, et tout consommer sans être contraints de choisir.

> Marchandises ! provisions ! tas de trouvailles ! que ne vous donnez-vous sans retraite ? Et je sais que les biens de la terre s'épuisent, encore qu'ils soient inépuisablement remplaçables. (...) Mais pourquoi marchander votre ruissellement à nos lèvres[1] ?

Cette frustration que nous cause l'usage limité des « nourritures terrestres » est la raison profonde de notre révolte contre le réel, de notre passion du mouvement pour lui-même, de notre refus d'habiter. Habiter suppose

1. *Ibid.*

en effet de se reconnaître un proche – et un lointain ; des biens possédés – d'autres indisponibles ; des lieux familiers – et tant d'autres étrangers. Voilà ce dont nous ne voulons plus. Voilà pourquoi nous travaillons avec tant d'énergie à défaire ces limites qui pèsent encore sur nous.

Une révolte contre la vie

Mais voilà aussi, sans doute, l'illusion dangereuse qui caractérise notre époque. Car peut-on défaire les contraintes que comporte notre monde, sans défaire ce monde lui-même ? Nous regardons les limites qui s'imposent à notre expérience comme des accidents pénibles de la nature, qu'il serait possible de repousser indéfiniment, jusqu'à finir par les vaincre. Et c'est ce combat que mène la technologie moderne.

Il faut prendre la mesure de ce qu'un tel combat représente de singulier : ce projet technologique est radicalement nouveau, et même opposé à la logique immémoriale du geste technique. L'homme a toujours été un être technique ; la première forme de l'humain n'est pas celle de l'*homo sapiens*, mais celle de l'*homo habilis*. La paléologie reconnaît la trace de l'homme partout où se trouvent des tombes, et des outils. La technique n'est donc pas une forme nouvelle du rapport de l'homme au monde. Mais la technique ne s'est jamais donné pour projet d'abolir les contraintes naturelles : c'est bien plutôt en explorant ces contraintes qu'elle se fraie un chemin vers son but. L'architecte qui fait tenir un toit au-dessus de nous n'a pas pour autant aboli la loi de la gravité : au contraire, il exploite la loi de la gravité pour faire tenir le toit et éviter qu'il ne tombe. La technique ne supprime pas les pesanteurs et les résistances du monde, elle les épouse et les utilise pour arriver au résultat qu'elle projette.

Sans doute sommes-nous les premiers dans l'histoire humaine à avoir pensé que par la technologie, par l'union de la science et de l'agir, nous pourrions, non pas assumer les limites naturelles pour mieux habiter le monde, mais défaire les limites – changer le monde, changer notre nature elle-même. Ce qui est certain, c'est que nous sommes les premiers à avoir réussi à mettre en danger le monde, et la nature – à mettre en danger la vie même.

Prenons un exemple dans l'un des domaines particuliers de la technique : nous avons déjà parlé du point de bifurcation auquel se trouve placée la médecine. Elle se définissait comme le savoir-faire destiné à restaurer les équilibres de la vie dans nos corps ; elle se trouve aujourd'hui au seuil d'une transformation silencieuse, presque invisible, et pourtant totalement inédite. Dans ce nouveau rapport à la technique, il s'agit désormais pour elle, non pas de retrouver la nature, mais de nous en affranchir – non pas de guérir de la maladie, mais d'abolir la mort, comme nous l'avons évoqué.

Avec la mort, une autre immense frontière est sur le point d'être défiée aujourd'hui par la science médicale, qui est la frontière du sexe. L'individu que nous sommes est né en effet avec une identité particulière, marquée par cette différence objective du masculin et du féminin. Cette singularité, aucun d'entre nous ne l'a choisie : elle nous a été imposée par le hasard de la nature, par le mystère de cette distribution des sexes qui partout dans l'univers vivant organise la fécondité des espèces.

Mais voilà, cette sexuation constitue une distance : le sexe sépare – cette expérience est même au cœur de l'étymologie de ce terme. *Secare*, en latin, veut dire couper : ainsi notre humanité se trouve-t-elle traversée par cette différence essentielle, et que nous n'avons pas voulue. Être un homme, c'est ne pas pouvoir être une femme ; c'est ne pas pouvoir vivre ce que peut éprouver une femme. C'est ne pas être le tout de l'humanité, ne pas pouvoir vivre à soi seul le tout de l'expérience humaine. Comment aurions-nous pu ne pas nous révolter aussi contre cette contrainte qui semble mettre définitivement à distance de chacun de nous ce qu'il ne possédera pas ? Comment aurions-nous pu ne pas appliquer à la différence des sexes ce ressentiment qu'exprimait le Ménalque de Gide ?

> J'enviais toute forme de vie ; tout ce que je voyais faire par quelque autre, j'eusse aimé le faire moi-même ; non l'avoir fait, le faire[1].

Non, il devait logiquement nous être impossible de nous résigner aussi à cette limite insupportable. Ce

1. *Ibid.*

mouvement-là aussi devait devenir possible – le passage du masculin au féminin, du féminin au masculin… Nous voulons désormais offrir à l'individu, en annulant toute détermination physiologique, la possibilité d'une invention de soi par soi. Chacun doit pouvoir choisir son identité de genre, ne pas subir celle qu'une configuration organique et une organisation sociale lui ont imposée. Au-delà même de la déconstruction du genre – nous y reviendrons –, la modernité ne pouvait qu'aboutir à un projet technique de neutralisation des corps, dans les limites qu'ils nous imposent.

Il ne saurait être question d'ignorer ou de mépriser les situations très réelles dans lesquelles une personne peine à se reconnaître dans le sexe auquel elle est supposée appartenir, ou bien dans l'expérience de la fécondité inscrite dans nos corps. Depuis toujours, pour des raisons qui peuvent être nombreuses et complexes, certains itinéraires de vie échappent à cette expérience de l'identité sexuée qui s'articule autour de l'altérité du masculin et du féminin. Si le sexe est une limite, il est aussi une blessure, et la vie humaine y a trouvé autant d'épreuves que de joies. Ce n'est pas là ce dont je veux parler, et mon propos ne saurait constituer une tentative de description, ni a fortiori le moindre jugement, sur les personnes et sur leurs histoires.

Ce qui doit nous préoccuper, c'est plutôt l'instrumentalisation de ces histoires au service du combat que nous semblons collectivement prêts à livrer, non contre les injustices qui traversent la société, mais simplement contre toutes les contraintes qui s'imposent à nos désirs. Ces désirs peuvent d'ailleurs être en eux-mêmes absolument légitimes : qui pourrait juger, par exemple, qu'un désir d'enfant est coupable ? Cela n'aurait aucun sens. Désirer donner la vie, espérer la voir naître et grandir, cela est en soi infiniment beau et pur. Rien n'est inquiétant dans ce désir ; ce qui est inquiétant en revanche, c'est qu'en toute situation il puisse exiger que la technique et le droit viennent lever toutes les contraintes qui l'empêchent d'atteindre son but. Il est parfaitement compréhensible qu'un grand désir resté sans réponse soit une épreuve et une frustration ; mais cela justifie-t-il pourtant que sur le terrain politique le seul mouvement du désir ait droit de se faire entendre ? Peut-on penser un monde où tout manque devrait être comblé, à n'importe quelles conditions ? Pour la première fois dans l'histoire humaine, nous sommes en train de construire une société où le désir impose sa loi – et à ce compte-là, même les plus beaux de nos désirs peuvent devenir dévastateurs. Ce mouvement en effet ne s'achèvera jamais, puisque la dynamique du désir est par elle-même infinie... Et il ne s'arrêtera jamais de défaire ce qui se trouvera devant lui.

En l'occurrence, c'est ici notre corps qu'il s'agit de révoquer, dans les limites qu'il nous impose. Nous voulons désormais que notre identité sexuée soit totalement neutralisée dans ce qu'elle signifiait jusque-là du point de vue organique : nous exigeons de la médecine qu'elle détruise, par une nouvelle configuration de son projet, les limites que la nature nous imposait dans nos corps. Nous voulons pouvoir engendrer seuls, sans avoir besoin d'un autre. Nous voulons que deux femmes, que deux hommes puissent enfanter. – Ici, le sujet n'est absolument pas l'homosexualité, on le voit ; certains itinéraires de vie en viennent simplement à servir de prétexte, provisoirement, pour permettre une avancée inouïe de ce projet moderne de déconstruction des contraintes. Ce qui est en jeu, c'est la volonté farouche de ne laisser aucune résistance s'imposer entre nous et l'objet de notre désir. « Un enfant si je veux, un enfant quand je veux » : ma liberté ne doit être prisonnière d'aucune fatalité.

Pourtant, ce projet d'émancipation absolue est voué à l'échec : la technique ne saurait abolir les contraintes qui accompagnent notre expérience du réel, sans abolir la réalité elle-même. Car ces contraintes contre lesquelles nous nous révoltons ne sont pas un défaut de la vie, mais ce qui la définit, au sens le plus fort du terme. Ultimement, la réalité qui est ici en jeu, c'est celle de nos propres corps. Habiter le monde, c'est aussi habiter son corps. Il faut accepter de ne pas être partout pour être authentiquement présent au lieu où nous nous trouvons. Il faut accepter de ne pas être tout pour pouvoir être soi-même, et pour retrouver pleinement une vie que l'illusion de l'immédiateté ne peut que finir par rendre liquide. C'est vrai, tout n'est pas fluide : si nous sommes aussi des corps, alors nous ne pouvons pas bouger partout à la fois et nous réinventer sans cesse ; ils nous opposent leur pesanteur, leurs limites et leur faiblesse. Ils nous imposent leur singularité, qui fait que nous ne serons pas tout, que nous ne ferons pas tout. D'ailleurs ils ne peuvent pas tout faire : nos corps nous humilient par le simple besoin de repos que nous ne voulons plus admettre, nous qui croyons que vivre suppose de marcher, de courir, d'aller de plus en plus vite – en tous les cas de ne jamais s'arrêter. Et nous sommes tous fatigués…

L'époque de la mobilité universelle sera celle de la liquidation générale des corps : quand tout pourra être changé, nos corps auront cessé d'être. Ils seront définitivement maîtrisés, numérisés, robotisés. On les dira « augmentés », mais ils auront été en fait amputés de ce qui les faisait être des corps – de ce qui nous faisait vivants. Car ils seront devenus des machines, et une machine ne vit pas. Si, dans la victoire enfin accomplie de l'immédiateté, nous pouvons tout atteindre sans distance et sans résistance, nous n'habiterons plus nulle part. Nous serons devenus les atomes d'un espace neutre, mais nous serons privés de monde. Si nous parvenons à devenir absolument mobiles, nous serons absolument morts.

VIII

« TOUT ENFIN PASSA DANS LE COMMERCE »

> « On ne peut plus vivre de frigidaires, de politique, de bilans et de mots croisés, voyez-vous ! On ne peut plus. On ne peut plus vivre sans poésie, couleur ni amour. »

Circulations

Le règne du mouvement ne pouvait se traduire autrement que par une domination inédite de l'économie – et d'une économie absolument dominée par le marché. L'activité marchande désigne en effet le travail qui consiste à *faire circuler* les biens produits pour qu'ils soient échangés les uns avec les autres. Cette autonomie moderne de l'activité marchande a été analysée de manière incomparable par Karl Marx, dans le premier livre du *Capital*[1]. Tout bien produit par le travail humain, explique-t-il, a simultanément, non pas une, mais deux valeurs : d'une part, il aura une « valeur d'usage » – ce qui le rend singulier, en tant que son utilité ne saurait être comparée ou mesurée à aucune autre. La table sur laquelle j'écris remplit une fonction qu'aucun autre objet ne peut remplir aussi bien qu'elle ; du point de vue de cette fonction, elle ne saurait être assimilée à la chaise sur laquelle je me tiens, ou à la lampe qui m'éclaire. Chacun de ces objets a une utilité absolument singulière, qui le rend incommensurable aux

1. Karl Marx, *Le Capital*, livres I-III, Gallimard, Folio essais, 2008.

autres. Mon stylo est peut-être un objet bien plus petit que cette table, mais il n'est pas moins indispensable qu'elle à ce que j'écris en cet instant. La valeur d'usage est celle qui nous pousse à acquérir, à utiliser et à entretenir les choses ; elle est ce par quoi elles ont un sens dans le monde de la vie et de l'action.

Mais toutes ces choses ont une autre valeur en même temps, qui est leur « valeur d'échange ». Sur un marché, toutes ces choses peuvent en effet être échangées ; et de ce point de vue, elles deviennent toutes absolument commensurables. La valeur d'échange ne saurait être assimilée à la valeur d'usage, car comment pourrais-je « comparer » l'utilité d'une lampe et celle d'une chaise ? Il serait absurde de dire que la table est « trois fois plus utile » que le stylo. La valeur d'échange se donne donc un critère différent pour mettre en relation les marchandises entre elles : sa référence sera le temps de travail global nécessaire à la production d'un bien – parce que produire un bien a toujours exigé un certain travail, ce critère pourra relier entre elles toutes les marchandises à échanger. Du point de vue de la valeur d'échange, cette table représente donc sans doute trois stylos semblables à celui que j'ai dans la main. Elle « vaut » cinq lampes, cent cinquante crayons à papier, une dizaine de poulets fermiers et le millionième d'un avion long-courrier. Du point de vue de la valeur d'échange, n'importe quelle marchandise peut être comparée à toutes les autres : sur le marché, rien n'est irréductiblement singulier, absolument unique – rien n'est essentiellement différent. Pour le marché, tout est relatif, par définition – puisque le propre du marché est de mettre en relation les objets qui s'y échangent. Toute chose est remplaçable par n'importe quelle autre ; aucune différence dans la nature ou l'usage des objets ne nous empêche de les rapporter au dénominateur commun qu'est leur prix.

Car bien sûr, nous ne troquons pas un avion long-courrier contre un million de tables ; l'opérateur qui permet cette circulation des marchandises, c'est l'argent. La fonction de la monnaie est de faciliter cette conversion de n'importe quel objet en un autre : elle est le signe de l'universelle commensurabilité des marchandises. L'argent exprime dans la langue des chiffres la relativité générale qui sous-tend l'existence du marché. Plus rien n'est singulier, unique, incomparable : tout peut être comparé avec tout. Il suffit pour cela d'une simple étiquette de prix… Tout ce qui a un prix peut se commercer contre de l'argent, qu'on échangera ensuite contre n'importe quoi d'autre. Ainsi, dépassant de très loin les contraintes du troc, l'argent permet une explosion de l'échange : il libère le mouvement des objets, « la danse des marchandises », pour reprendre une expression de Marx. Il transforme l'objet solide en liquidités, pour pouvoir le faire circuler sans limites. C'est le propre du liquide de se déplacer de la façon la plus fluide. Ainsi le marché est-il la meilleure figuration du monde héraclitéen, de ce monde du flux où « tout s'écoule » : et c'est le travail du marchand que d'écouler sa marchandise.

La modernité, en se définissant comme une passion du mouvement, ne pouvait que se traduire par le triomphe du marché. Il est, par définition, le lieu de la circulation :

une époque qui définit la vie comme mouvement devait donc donner un rôle central à cet opérateur de l'universelle circulation, et faire de l'argent son instrument essentiel. Une telle mutation conduit au développement indéfini du marché, au primat inédit de l'économie sur toutes les autres sphères de l'activité humaine – et simultanément, de façon paradoxale, à une crise sans précédent de cette économie, au moment de son plus grand triomphe.

Extension du domaine du marché

Que l'échange économique soit nécessaire à la vie des êtres humains ; que le marché et la monnaie soient la condition du développement d'une économie complexe : voilà ce que nul ne songerait à contester. Notre civilisation, depuis l'Antiquité gréco-latine, a construit dans ses cités des lieux pour cette activité, et nous trouvons encore dans une commune, un quartier, l'animation indispensable d'une place du marché souvent aussi ancienne que la construction même de la ville.

Le marché n'est donc pas nouveau ; ce qui est propre à notre époque, en revanche, c'est la place qu'il semble avoir prise, le fait qu'il soit devenu le centre de référence de la vie économique, sociale, politique. Et cela, pour le coup, est inédit : pendant des siècles, et jusqu'à une période très récente, la majorité de la population dans nos sociétés occidentales vivait sans argent, ou presque ; dans le monde agricole par exemple, alors largement majoritaire, la cellule familiale partageait l'effort et le fruit, le travail et son produit. On partageait l'œuvre commune comme la table commune : on travaillait bien sûr, mais sans être rémunéré. Une telle pratique pose encore bien des problèmes aujourd'hui quand il s'agit de calculer les droits à la retraite de nombreux agriculteurs, qui ont travaillé une longue partie de leur vie sans percevoir de salaire...

Dans *L'Argent*, Péguy revient sur ce monde paysan ou artisan, dans lequel le travail n'a pas toujours été effectué en vue d'une efficacité marchande, d'une rentabilité commerciale.

> Ces ouvriers ne servaient pas. Ils travaillaient. Ils avaient un honneur, absolu, comme c'est le propre d'un honneur. Il fallait qu'un bâton de chaise fût bien fait. C'était entendu. C'était un primat. Il ne fallait pas qu'il fût bien fait pour le salaire ou moyennant le salaire. Il ne fallait pas qu'il fût bien fait pour le patron ni pour les connaisseurs ni pour les clients du patron. Il fallait qu'il fût bien fait lui-même, en lui-même, pour lui-même, dans son être même. (...) Toute partie, dans la chaise, qui ne se voyait pas, était exactement aussi parfaitement faite que ce qu'on voyait. C'est le principe même des cathédrales.
>
> Et encore c'est moi qui en cherche si long. Pour eux, chez eux il n'y avait pas l'ombre d'une réflexion. Le travail était là. On travaillait bien[1].

1. Charles Péguy, *L'Argent, in Œuvres en prose, 1909-1914*, Gallimard, Bibliothèque de la Pléiade, 1957.

Ce passage de Péguy, pour idéaliste qu'il puisse paraître, témoigne pourtant d'une réalité vécue : le travail n'a pas toujours été lié au fait de gagner de l'argent.

> On ne gagnait rien, on vivait de rien, on était heureux. Il ne s'agit pas là-dessus de se livrer à des arithmétiques de sociologue. C'est un fait, un des rares faits que nous connaissions, que nous ayons pu embrasser, un des rares faits dont nous puissions témoigner, un des rares faits qui soit incontestable[1].

Bien sûr, les structures sociales ne sont pas reproductibles, et il n'est pas question ici de dire qu'on devrait pouvoir faire travailler aujourd'hui quelqu'un sans lui verser un juste salaire. Au contraire : Péguy lui-même reproche au système contemporain d'avoir produit, en atomisant les structures sociales, une solitude du travailleur, qui se trouve désormais contraint par des besoins auxquels il doit faire face sans pouvoir s'appuyer sur personne – cet « étranglement économique » du salarié, une « strangulation scientifique froide, rectangulaire, régulière, propre, nette, sans une bavure, implacable, sage, commune, constante, (...) où il n'y a rien à dire, et où celui qui est étranglé a si évidemment tort ». Dans la famille ou le village, la pauvreté pouvait bien exister, mais elle n'était jamais l'expérience d'une fatalité solitaire : c'est à plusieurs qu'on prenait en charge les besoins essentiels, et à plusieurs aussi qu'on affrontait la précarité et l'épreuve.

La modernité, et la révolution industrielle en particu-

1. *Ibid.*

lier, a considérablement fragilisé ces structures sociales, par le fait que le marché, qui était un outil d'échange, est devenu une fin en soi. Désormais, observe Marx, nous ne travaillons plus pour le produit et sa valeur d'usage : nous travaillons pour le marché, et la valeur marchande du bien qui pourra s'échanger. La qualité du barreau de chaise ne sera plus d'être « bien fait », simplement parce qu'il faut bien faire ; elle tient désormais à tous les paramètres qui permettront de le céder de façon plus rentable, de le faire participer à la « danse des marchandises » le plus avantageusement possible. Il ne fallait qu'un pas ensuite pour que la réussite de nos vies finisse par être assimilée à la quantité de valeur marchande que nous parvenons à acquérir. Être heureux implique maintenant de beaucoup gagner.

L'argent en effet est supposé rendre disponibles des biens de plus en plus variés : l'extension du domaine du marché se traduit par le développement de la publicité qui, phénomène inédit dans l'histoire économique, joue un rôle si important qu'elle est devenue un secteur d'activité autonome. – Notons que, dans ce développement du marché, notre attention, de gratuite qu'elle était, est elle-même devenue un produit chèrement distribué par l'industrie du divertissement, et plus récemment par les multinationales du numérique, qui font le travail de capter cette précieuse denrée comme on extrayait autrefois un minerai, pour ensuite en faire commerce. On se souvient de cette formule si explicite d'un ancien dirigeant de TF1, expliquant que son métier était de « vendre du temps de cerveau disponible à Coca-Cola ».

Les messages publicitaires qui envahissent notre univers sonore et notre champ de vision, nos murs, nos monuments, et bientôt même nos trottoirs, nous promettent une vie plus heureuse par les biens qu'ils nous proposent d'acquérir. La qualité de vie, les expériences enthousiasmantes, la sérénité, la joie, l'amitié, la sexualité, l'amour même : tout cela devient ainsi disponible à la vente. Dans la société de consommation, l'acte d'achat est d'ailleurs à soi seul un élément du bonheur… Le marché n'est plus un moyen d'accéder à l'objet du besoin : il devient une fin, une destination en soi. Faire les vitrines est un plaisir. Le nouveau centre de la vie sociale est désormais le centre commercial, où l'on va passer son temps libre.

L'importance nouvelle qu'a prise le marché n'est pas seulement symbolique, ou culturelle : son extension passe par l'absorption progressive d'objets qui jusque-là restaient étrangers à tout commerce. Le développement récent de ce que l'on appelle « économie du partage » en est un bon exemple : cette expression désigne les nouvelles pratiques de consommation qui lient les individus directement entre eux, souvent à la faveur des possibilités nouvelles offertes par le numérique, pour partager un bien ou un service. En fait de partage, il s'agit plutôt de tirer un profit de tout ce qui jusque-là restait en dehors du marché : on prenait des auto-stoppeurs sur la route, on rentabilise aujourd'hui chaque place libre dans sa voiture, en faisant du covoiturage. Le logement où l'on habite devient un espace à marchander aussitôt qu'on s'en absente. Sous la pression de cet « étranglement économique » dont parlait Péguy, plus rien ne saurait rester définitivement gratuit.

Une petite histoire, parmi bien d'autres, pourrait suffire à montrer cette évolution récente… Il y a quelque temps encore, le facteur qui venait déposer le courrier chez une personne âgée et seule prenait le temps de s'arrêter pour un bonjour ; on échangeait quelques nouvelles, et parfois on partageait un café ou un verre, selon l'heure de la tournée. Puis il a fallu aller plus vite, accélérer : finis, ces arrêts improvisés, ces moments un peu gratuits. « Rapidité, rapidité ! » : c'est l'incantation que se répète, dans *Jour de fête*, le postier peint par Jacques Tati, qui entreprend, dans son petit village du Berry, de travailler « à l'américaine ». Dans la réalité, la Poste a peu à peu, depuis les années 2000, « chassé le gaspillage » dans le travail de ses salariés. Première cible de cette « rationalisation », les échanges avec les habitants : on a interdit aux facteurs de rendre le petit service qu'ils offraient avant, de passer d'une porte à l'autre un objet confié par une personne trop âgée pour se déplacer, et même de prendre avec eux un courrier à envoyer. L'obsession de la vitesse trouve une expression privilégiée sur le terrain économique – et s'appuie tout naturellement sur les derniers outils techniques : en 2010, pour mieux traquer les arrêts indus, on a muni les facteurs de GPS impossibles à déconnecter.

En 2017, surprise : la Poste décide à grand renfort de publicité de se « positionner » comme un acteur essentiel du lien social. « Ce que nous apportons encore plus que la lettre, c'est la présence quotidienne, le facteur humain, pour tous, partout, et tous les jours », explique son PDG, Philippe Wahl[1]. Désormais, les facteurs pourront retrouver le temps d'un contact avec les personnes isolées ; mais il s'agit

1. Cité *in* Lily La Fronde, « La Poste facture 19,90 euros les 5 minutes de conversation avec votre grand-mère », *StreetPress*, 26 juin 2017.

désormais d'un service payant, facturé 19,90 mensuels pour cinq minutes de conversation par semaine. Cinq minutes six jours sur sept vous coûteront 139,90 par mois. Pour cette somme, les enfants d'une personne âgée, trop occupés pour lui rendre visite, pourront s'assurer qu'elle va bien – via une application smartphone par laquelle le postier confirmera en direct son état. Ainsi le lien social élémentaire, la conversation quotidienne, qui était jusque-là offert – et que personne n'aurait songé à vendre – est désormais un produit marchand, commercialisé, tarifé. Le marché subtilise les biens les plus simples, les plus nécessaires et les plus gratuits – puis il les fait réapparaître comme par magie, mais sous forme de marchandises. Dans cette opération, la sophistique contemporaine réussit à détourner au profit du commerce les mots qui disaient jusque-là les conditions ordinaires de la vie et du bonheur : la Poste vous apporte la « présence » et l'« humain, » mais sur abonnement – si vous avez de la chance, cependant, vous pourrez peut-être profiter d'une promotion : deux mois d'humain et de présence à tarif réduit !

Ainsi la publicité vide de leur sens les mots les plus essentiels, et rend absurde le langage. Derrière elle, le marché trahit ces réalités qu'il absorbe : rendre tout bien échangeable et liquide, c'est à la fin détruire ce qui ne saurait devenir l'objet d'un échange marchand. La mobilisation générale qui constitue la dynamique du marché, cette extension perpétuelle pour ne rien laisser en dehors de la marche de l'économie, c'est, au sens littéral du terme, une liquidation générale. Vendre de la « présence », c'est seulement révéler et emmurer encore notre infinie solitude ;

commercialiser l'« humain », c'est de toute évidence contribuer à construire un monde inhumain. Si elle va au bout de ce renversement universel, la société la plus prospère peut aussi bien devenir celle de la plus grande misère...

Cette misère n'a rien d'une fatalité : elle est un choix, le produit d'une vision du monde. Car si l'on regarde bien, ces évolutions ne nous sont pas rendues nécessaires par des impératifs économiques. Notre civilisation a vécu des siècles sans qu'on imagine jamais se mettre à vendre l'attention, à marchander la présence. Étions-nous privés d'une vie correcte et d'une économie stable, quand nous donnions gratuitement ce dont nous faisons commerce aujourd'hui ? Nos sociétés étaient-elles empêchées de se développer ? Au contraire : nos choix collectifs n'ont jamais attaché autant d'importance au marché, nos politiques publiques n'ont jamais été à ce point indexées sur l'économie – et cependant nous n'avons jamais été aussi endettés... La Poste ruinait-elle les Français pendant ces décennies où les facteurs offraient leur sourire, un instant d'écoute, et même au besoin un petit coup de main ?

Non, vraiment, ce n'est pas l'étau d'un besoin économique qui nous a conduits dans ce mouvement, c'est le mouvement lui-même que constitue cet impératif nouveau, celui de la croissance indéfinie du marché. Le besoin économique, lui, a toujours existé ; la pauvreté, nous l'avons dit, n'est pas nouvelle : pourtant jamais n'avait existé cette étonnante pression économique vers la marchandisation de tout. Peut-être, même riches, avons-nous perdu cette liberté élémentaire, la capacité à vivre sans tout compter – cette simple « aisance » dont parle Péguy :

> Il y avait dans les plus humbles maisons, une sorte d'aisance dont on a perdu le souvenir. Au fond on ne comptait pas. Et on n'avait pas à compter. Et on pouvait élever des enfants. Et on en élevait. (…) On ne gagnait rien ; on ne dépensait rien ; et tout le monde vivait[1].

Aujourd'hui, tout doit pouvoir se compter. Il n'est rien qui semble devoir demeurer définitivement étranger au domaine du marché, rien qui ne puisse circuler, s'échanger, se monnayer. Tout doit pouvoir être compté ; soit que l'on manque d'argent, dans l'expérience désormais solitaire de cette strangulation économique, soit que l'on en ait beaucoup : il faut que tout soit rentabilisé, et réciproquement que tout puisse être possédé. Pour celui qui a de l'argent, tout ce qui a un prix est à disposition : l'extension indéfinie du domaine du marché, c'est pour une élite l'expansion infinie de sa puissance. Tout ce qui est inaliénable, définitivement fixé, indéplaçable d'un propriétaire à un autre, tout ce qui échappe à l'échange marchand – tout ce qui n'a pas de prix résiste par là à l'universelle disponibilité qu'exige la toute-puissance de l'argent.

Il n'est rien qui semble pouvoir résister à ce développement du marché, à cette absorption progressive de chaque réalité du monde dans le catalogue des objets mobilisables, disponibles sur commande. La frontière qui semble aujourd'hui sur le point d'être repoussée est celle de l'engendrement : nous l'avons évoqué plus haut, la technique contemporaine est sommée de vaincre cette

1. *L'Argent*, *op. cit.*

condition de l'altérité sexuelle que nos corps imposaient à notre désir d'enfant. Si désir d'enfant il y a, celui-ci doit pouvoir être satisfait, pour qui en possède les moyens. Le fait que l'enfant soit un produit commercial comme un autre ne relève plus de la science-fiction : depuis quelques années déjà, dans les grands hôtels des métropoles occidentales, à la faveur de législations de plus en plus favorables, des sociétés privées présentent des catalogues de donneurs de gamètes à des clients très fortunés, pour qu'ils puissent acheter l'enfant de leurs rêves. En Grande-Bretagne, des sites de vente en ligne vous permettent de choisir, pour quelques centaines de livres sterling, le profil d'un père ou d'une mère en les sélectionnant sur des menus déroulants. Aux États-Unis, les agences qui se concurrencent sur le marché des mères porteuses ont recruté des armées de juristes pour écrire leurs conditions générales de vente. Aujourd'hui, dans le monde occidental, un enfant s'achète ; c'est ce que nous appelons le « progrès ».

Là encore, personne d'autre que Karl Marx n'avait discerné avec autant de lucidité la puissance de cette dynamique expansionniste du marché. Dès 1847, dans *Misère de la philosophie*, il écrivait, annonçant ce mouvement avec des mots prophétiques :

> Vint enfin un temps où tout ce que les hommes avaient regardé comme inaliénable devint objet d'échange, de trafic et pouvait s'aliéner. C'est le temps où les choses mêmes qui jusqu'alors étaient communiquées, mais jamais échangées ; données, mais jamais vendues ; acquises, mais jamais achetées,

– vertu, amour, opinion, science, conscience, etc. – où tout enfin passa dans le commerce[1].

Liquéfaction de la politique

« Tout enfin passa dans le commerce. » Cette expansion infinie du marché converge, en apparence, avec l'extension indéfinie des droits de l'individu ; cette convergence est la cause de l'immense brouillage politique qui s'opère dans le moment que nous vivons. Marx avait annoncé ce « temps de la corruption générale, de la vénalité universelle », ce temps où tout ce qui était solide devrait être littéralement corrompu, rendu liquide, pour pouvoir être disponible à la puissance de l'argent. Et aujourd'hui bien des esprits qui se veulent et se croient sincèrement progressistes, et qui se réclament souvent en cela d'une tradition politique de gauche, en sont réduits à applaudir au triomphe d'une économie de marché qui a réussi l'exploit de vendre même des enfants… Comme si cette nouvelle étape de notre guerre contre la nature, au nom du désir individuel, pouvait être regardée comme une victoire de la dignité humaine. En réalité, la peur d'être à contretemps, de ne pas épouser le mouvement, cette peur est si intense qu'elle peut entraîner des intelligences dans les plus incroyables

1. Karl Marx, *Misère de la philosophie* (1847), Éditions sociales, 1948.

contradictions – et le « progrès » va si vite que ceux qui ont choisi de se laisser imposer son rythme sont capables de se rallier à des évolutions qu'ils n'auraient jamais cru défendre, quelques années plus tôt seulement.

En réalité, le progressisme, nous l'avons dit, n'est pas une option politique, mais une neutralisation de la politique. Il ne consiste pas à considérer qu'un progrès est désirable – ce qui est une tautologie, mais à considérer que tout mouvement est un progrès. De ce point de vue, la seule maxime qui reste à la politique est l'injonction de tout faire pour libérer le mouvement, pour défaire les immobilismes, pour déconstruire les barrières, pour « laisser faire et laisser passer ». La politique est conduite par là à s'effacer pour que plus rien ne puisse empêcher la circulation universelle des personnes et des choses, orchestrée par l'économie marchande.

L'extension indéfinie du domaine du marché devient, sous le nom de « croissance », le but premier de l'activité politique, celui à partir duquel on évaluera la réussite de nos dirigeants. Et nous poussons le grand cri de joie du progrès aussitôt que tombe une frontière qui empêchait l'expansion de l'économie marchande, à cause d'un obstacle naturel, ou de l'une de ces traditions culturelles qui persistent à encombrer notre modernité triomphante. Pourquoi serions-nous, par exemple, empêchés de travailler le dimanche ? Ce qui marche six jours sur sept pourrait fonctionner encore mieux sans cette immobilité forcée. Le progrès est dans le *super-marché* ouvert en permanence – « à l'américaine », car le mouvement universel des personnes et des biens nous oblige à nous réformer sans cesse pour suivre la course d'une concurrence mondialisée. Le monde change : il nous faut nous aussi changer au rythme qu'il nous impose. Comme le feraient des concurrents obligés de s'adapter pour pouvoir être plus rapides dans leur développement commercial, les États doivent se transformer sans cesse pour s'aligner sur les exigences de la compétition mondiale.

La politique se dissout alors dans l'économie, et prend pour modèle le monde de l'entreprise. À l'image du « management » contemporain, elle devient une pédagogie du mouvement, une méthode pour la conduite du changement. L'administration se dote d'outils pour gérer cette révolution permanente – car là encore, la réforme n'est plus suffisante : la Direction générale de la modernisation de l'État est devenue récemment la Direction interministérielle de la transformation publique. Malgré ces effets de style et ces projets de transformation, le sentiment qui prédomine est que rien ne va assez vite. On peut donner de cette lenteur une explication psychologique : incapables d'évoluer, les travailleurs feraient obstacle aux évolutions necéssaires. Mais comment peut-on exiger un changement clair de la part de ceux qui, sur le terrain, entendent parler de changement depuis plusieurs décennies ? Et comment espérer que quoi que ce soit se transforme, si on leur demande de changer comme si c'était un but en soi, sans jamais qu'ils sachent vraiment quel point d'arrivée il s'agit d'atteindre à la fin ?

Mais il y a une autre raison, plus essentielle encore, à ce sentiment de pénible résistance au changement de la chose publique : après tout, c'est le propre de l'État que d'être stable : *stat*. Il reste, quand tout passe. Au moment du trépas, sur son lit d'agonie, c'est la profession de foi du vieux roi Louis XIV : « Je m'en vais, mais l'État demeurera toujours. » Cette continuité de l'État en fait un signe de contradiction dans le monde de l'universelle mobilité. Là où tout se transforme, l'État incarne à contretemps la stabilité des institutions qui semblent, par leur seule existence, manifester silencieusement leur résistance à l'incantation bavarde de l'adaptation, de l'agilité, de la transformation permanente. L'idéalisation de la *start-up*, dont le nom porte la gloire d'avoir tout juste commencé, ne peut que saper la vieille idée de l'État, dont la continuité fait l'essence. *Stat* ou *start* : disqualifié comme une sorte d'anachronisme structurel, l'État ne peut parvenir à entrer complètement dans la logique de l'adaptation continuelle qu'en se déconstruisant comme État, en renonçant à incarner des normes stables pour se laisser dicter son rythme par l'accélération du monde et l'injonction économique.

En réalité, cette rhétorique de l'adaptation est un nouveau symptôme de l'incroyable abdication à laquelle mène nécessairement l'enthousiasme pour le mouvement : le politique s'autodissout, puisqu'en parlant sans cesse de s'adapter à un monde qui change, il reconnaît par là, non seulement qu'il n'a plus le pouvoir, mais qu'il ne veut plus le prendre. Certes, on peut encore gérer l'événement, réagir aux accidents de l'actualité nationale ou internationale ; mais quant à la stratégie à suivre sur le long terme, quant au but ultime à viser, le politique se laisse emporter par des évolutions qu'il se contente, pour les justifier, de décrire comme inéluctables. Le mouvement du monde exige que nous accélérions sans cesse ; nous devons tout transformer de nous-mêmes, mais sur ce mouvement qui nous dirige, nous ne cherchons plus à avoir prise : l'histoire n'est plus que ce « torrent » que décrivait Machiavel, dont le flux emporte tout – et la politique devient l'art d'épouser ce courant sans alternative. Comment celui qui rêve de plonger dans le fleuve pourrait-il même songer à en orienter le cours ? Ainsi, sommés par nos gouvernants de nous adapter sans cesse à des changements ingouvernables, nous nous trouvons dépossédés de notre propre destin.

Parce qu'une chose se fait là-bas, elle devra se faire ici ; parce qu'un objet se vend ailleurs, il faudra bien que nous suivions le mouvement. La seule catastrophe, dans un monde qui bouge, serait de rester immobiles ; gardons-nous donc d'être « en retard », nous finirions complètement dépassés. Comment s'opposer aujourd'hui à l'ouverture aux solutions techniques de procréation, puisqu'elles sont disponibles à l'étranger ? Et demain, qui refusera l'homme augmenté quand nos voisins le commercialiseront ? Autant le faire nous aussi – ainsi, promettent nos gouvernants, nous pourrons contrôler au moins que tout se fait « dans les meilleures conditions ». C'est la seule promesse qui reste quand on ne contrôle plus rien… Mais même elle ne tiendra pas, si tout est réellement dicté par l'impératif économique, par l'obsession de la croissance, par l'extension du marché – si, pour le dire autrement, nos libertés et nos consciences ne peuvent plus prétendre orienter le mouvement qui domine l'histoire.

Dans cette réduction du politique à l'économique se trouve la racine d'une crise majeure : le pouvoir des États s'érode, face à des entreprises multinationales qui ont désormais la possibilité d'exercer une influence politique décisive, et qu'aucune institution peut-être ne peut plus canaliser ; la mondialisation des marchés et la financiarisation de l'économie constituent autant de défis à la possibilité de produire une législation de manière autonome et de la faire appliquer. Dans ce contexte, déclarer que les clivages politiques sont abolis, qu'il n'y a plus d'alternative, que le seul pluralisme possible est celui qui oppose les réformes nécessaires aux immobilismes coupables, c'est en fait assumer d'abandonner le pouvoir à la fatalité économique.

La question de l'efficacité n'est pas à elle seule une question politique. Comme nous l'avons déjà vu, la vie politique commence lorsque nous nous demandons ensemble : qu'est-ce qui est bon et juste ? Au premier livre des *Politiques*, Aristote décrit ce fondement :

> La parole est faite pour exprimer le bien et le mal, et, par suite aussi, le juste et l'injuste ; et par elle l'homme (...) conçoit le bien et le mal, le juste et l'injuste, et les autres notions de ce genre. Or, avoir de telles notions en commun, c'est ce qui fait une famille et une cité[1].

Ce qui fait une communauté humaine, ce qui fonde la *polis*, c'est le fait de mettre en commun notre idée du bien et du juste – même, et surtout, lorsqu'il nous arrive d'être en désaccord sur ce qui les définit –, pour rechercher ensemble leur signification, et pour tenter de nous

1. Aristote, *Les Politiques*, traduction Pierre Pellegrin, Flammarion, 1990.

y conformer dans les choix que nous avons à faire. Voilà les questions essentielles que nous avons à nous poser.

Pourquoi, demandions-nous, ne pas travailler le dimanche ? Il semble bien désuet de maintenir cette immobilité rituelle, de ne pas supprimer cette frontière qui résiste encore à la croissance de l'activité économique. Mais voilà, aucun impératif de rentabilité ou d'efficacité ne saurait suffire à clore un débat proprement politique : maintenir un jour de repos commun, un jour pour arrêter ensemble de travailler et de commercer, est-ce juste ? Est-ce fécond pour la société ? S'il nous semble bon que demeure un temps qui échappe au marché ; s'il est juste que, par sa gratuité, il manifeste que nos vies ne sont pas faites uniquement pour le travail, alors refusons de nous voir imposer un choix qui n'en est pas un… Ce n'est d'ailleurs pas une nécessité économique qui nous y obligerait, mais la seule obsession moderne de l'expansion de l'économie – car après tout, notre société a bien su atteindre l'équilibre et la prospérité tout en s'arrêtant le dimanche. Le repos dominical date d'un décret de Constantin, publié en 321… Pourquoi faudrait-il transformer ce modèle lentement ajusté par l'histoire ?

Au nom de quel bien supérieur faut-il bouger sans cesse, changer ce dont nous héritons ? Voilà la seule question politique que nous devons nous poser – et il s'agit bien d'une question, qui ne se laisse pas refermer par une simple réponse technique… Le bien, le juste ne fluctuent pas avec les circonstances ; mais ils sont difficiles à atteindre, et c'est pourquoi l'expérience du dialogue est nécessaire pour tenter de les approcher au mieux, pour garantir que ceux qui nous dirigent ne sont pas en train de les perdre de vue – pour garantir, même, que nous soyons collectivement encore en train de les rechercher vraiment. De ce point de vue, la vie démocratique a un sens en tant précisément qu'elle crée une pluralité d'options, qu'elle organise ce dialogue public autour du bien et du juste, pour que chaque citoyen puisse participer en conscience à un véritable choix collectif. En interdisant toute alternative, en nous imposant comme seule politique possible l'administration technique des changements sans fin qu'exige de nous la compétition des marchés, la domination de l'économie ne peut que constituer une crise démocratique majeure.

Crise du sens

Entendons-nous bien : le marché est évidemment nécessaire à l'économie, et l'économie à la vie sociale et politique des hommes. Cependant, une difficulté majeure survient quand l'économie marchande n'est plus une activité parmi d'autres, mais la clé de toute activité ; quand l'argent par lequel les objets circulent n'est plus un moyen, mais une fin ; quand le marché ne trouve plus une place au sein de la cité, mais que toute la cité devient un immense marché.

Difficulté majeure en effet ; car cette domination de l'économie marchande ne signe pas seulement la crise de la politique : elle entraîne aussi, paradoxalement, une crise inédite de l'économie elle-même. Le marché est un outil essentiel à la vie des hommes ; mais quand il absorbe tout de leur vie, il perd son sens, devient absurde, et se retourne contre eux.

La culture contemporaine porte partout des traces de cette crise profonde. On connaît le mot désabusé qui ouvre le film de Jan Kounen, *99 francs* :

> Tout s'achète. L'amour, l'art, la planète Terre, vous, moi. Surtout moi. L'homme est un produit comme les autres, avec une date limite de vente.

Ce film a été réalisé à partir du livre éponyme de Frédéric Beigbeder ; il nous fait entrer dans la dépression d'un publicitaire, qui se sait payé pour trouver les moyens de vendre n'importe quoi. Et Octave Parango, ce personnage de fiction, rejoint de façon concrète le problème qui nous préoccupe ici : là où le marché mobilise toute notre énergie, plus rien finalement n'a de véritable valeur. Le monde devient le lieu d'une instabilité continuelle qui finit par nous plonger dans l'absurde ; car si l'efficacité financière est notre seul critère, le pari du changement permanent est clairement le plus profitable.

> Je suis désolé d'être tellement en avance sur vous, mais c'est moi qui vais décider aujourd'hui ce qui vous plaira demain. Je me drogue à la nouveauté, et l'avantage de la nouveauté, c'est qu'elle ne reste jamais neuve longtemps. L'idéal serait que vous commenciez par me détester avant de détester l'époque qui m'a

créé. Donc voilà, je me prénomme Octave, Octave Parango. J'ai passé ma vie à vous manipuler contre 75 000 francs par mois. Quand, à force d'économies, vous réussirez à vous payer la bagnole de vos rêves, je l'aurai déjà démodée. Votre désir ne vous appartient plus, je vous impose le mien.

La prouesse pourrait être amusante, ce jeu de voltigeur exploitant la dernière mode comme le surfeur saisit au bon moment la vague en train de passer ; mais derrière le sourire que son ironie nous inspire, le roman de Beigbeder explore en réalité la nausée qui s'est emparée d'une génération, écœurée par le sentiment que rien de ce que nous désirons n'a de valeur durable, que nos efforts sont moins déterminés par des choix essentiels que par le mouvement de la mode, et qu'à la fin nous travaillons beaucoup mais sans savoir pourquoi.

Bien sûr, nous travaillons pour un salaire. L'argent est nécessaire, car c'est lui qui nous permet de faire notre marché. Mais les choses qui sont échangées sur le marché n'ont de valeur, en fait, que si quelque chose échappe au marché. Car sur le marché, nous l'avons dit, rien n'a de valeur absolue : tout est, par définition, relatif. Une table « vaut » une dizaine de poulets fermiers et le millionième d'un avion de ligne. Par la médiation de l'argent, le commerce peut convertir n'importe quel objet en n'importe quel autre : du point de vue du marché, rien n'est unique, rien n'est singulier, rien n'est irremplaçable. Ceci n'est pas un problème, au contraire : c'est le principe même du marché, qui permet le mouvement de tout ce qui y circule.

Mais à cause de ce principe, le marché ne saurait se

suffire à lui-même. Pour qu'une chose ait une valeur relative sur le marché, encore faut-il qu'elle trouve sa valeur relativement à un bien absolu – un bien qui ne soit pas échangeable, remplaçable, variable selon le marché, un bien qui demeure quelles que soient les circonstances. Un stylo a une valeur sur le marché parce qu'il permet d'écrire des lettres, qui entretiendront une amitié. Ou de rédiger un roman qui passionnera des lecteurs. Nous pouvons même étendre ce réseau de liens auxquels rapporter ultimement la valeur de l'objet échangé : le stylo est peut-être acheté pour permettre un travail, qui produira des biens nécessaires à ma vie, ou à la vie de ma famille… Si un produit a de la valeur, c'est toujours parce qu'à la fin il sert un but qui vaut pour lui-même, de manière absolue, et qui ne s'échangerait contre rien au monde.

Pour que le marché ait un sens, il faut donc que quelque chose échappe au marché. Il faut que l'émotion, que l'amitié, que la famille, que ma propre vie, ne puissent pas se marchander ; car sinon, qu'est-ce qui pourra donner *in fine* de la valeur à ce stylo ? Qu'est-ce qui fait la valeur d'un objet, sinon le but non mesurable qu'on peut atteindre à travers lui ? Qu'est-ce qui fait qu'un produit peut avoir une valeur d'échange, sinon l'usage qu'on en espère, par lequel seul il est unique et incomparable ? Le marché n'a de sens que par ce qui lui échappe, et qui ne peut être acheté ou vendu. Qu'est-ce qui conduit à investir dans la maison qu'on achète, sinon les souvenirs d'enfants qu'elle abritera ? Or cela ne se marchande pas. Investir pour de l'argent peut avoir du sens, si par ce moyen je peux espérer servir un but qui ait pour moi une valeur absolue. Mais gagner même beaucoup d'argent n'a aucun sens, si tout est convertible en argent, et qu'il devient à soi seul une fin…

Le monde de l'universelle circulation marque donc logiquement le triomphe absolu du marché, et simultanément sa crise absolue. Car le marché ne peut que s'autodétruire au moment où il parvient à tout absorber. Un monde dans lequel tout s'achète, « l'amour, l'art, la planète Terre, vous, moi » – un monde dans lequel « l'homme est un produit comme les autres », ne peut qu'être un monde où le marché perd son sens, et le travail avec lui. La domination de l'économie marque en ce sens son renversement inédit. Quand la croissance de l'activité économique devient un but en soi, elle finit par se retourner contre elle-même : les objets échangés n'étant plus liés à un bien extérieur au marché, ils n'ont plus de valeur absolue. Le mouvement de l'échange devient donc à lui seul un but : il faut seulement commercer, de plus en plus, et de plus en plus vite. Mais quand le marché absorbe tout, quand il devient un but en soi, il constitue l'occasion d'une crise de sens absolument inédite : si rien n'a de valeur absolue, l'économie se retourne contre son propre principe.

Sur ce point, Radkowski, que nous avons déjà cité, nous aide à y voir plus clair. Dans *Les Jeux du désir*, il analyse la mutation moderne de l'économie : avec la révolution scientifique et l'entrée dans l'ère du « progrès technique », l'activité économique se transforme en effet en profondeur. Il ne s'agit plus d'économiser un bien – de le conserver, de l'entretenir pour le faire durer – mais au contraire de consommer, c'est-à-dire de détruire. La croissance, l'excès permanent, « la richesse des nations » deviennent l'horizon de l'économie, alors qu'elle trouvait sa logique même dans l'expérience de la pauvreté, de la rareté des ressources, qui rend l'*économie* nécessaire, au sens littéral du terme. L'économie moderne est une anti-économie : elle ne s'évalue pas selon ce qu'elle conserve, mais selon ce qu'elle détruit. Dans les années quatre-vingt, les économistes construisent un nouveau terme pour désigner le consommateur : il sera désormais nommé le « destructeur final » ; la croissance de la consommation équivaut ainsi à augmenter la destruction. Il ne s'agit plus d'épargner, d'entretenir, d'économiser – c'est-à-dire de se retenir de dépenser ; au contraire, il faut favoriser la dépense, parce que c'est à cet indicateur seul que l'on évalue l'évolution de l'activité économique. Dans la transformation de l'économie par le *marketing*, il ne suffit pas que les individus consomment, il faut qu'ils consomment de plus en plus, et qu'ainsi l'économie puisse poursuivre sa croissance. Quand le mouvement devient un but en soi, le dynamisme de l'économie est un objectif absolu ; ce n'est pas seulement la récession qu'il faut éviter, mais aussi la stabilité elle-même, qui nous apparaîtrait comme un échec déprimant.

> Puisque le marché (...) constitue le seul lieu socialement objectif de la valorisation des biens confectionnés – lieu où ils sont « mis en valeur », estimés quant à leur prix –, l'indice de ce qui est « consommé » – soumis à une transition – devient l'indice même de la richesse. Plus intense y est ce mouvement de transition auquel renvoie la notion de consommation, plus grande est la richesse réalisée (ce que les économies nationales

comptabilisent comme PNB : produit national brut). L'économie des « flux », des « circuits », remplace l'économie des « stocks », des patrimoines. Maintenir, conserver, préserver les biens de l'atteinte de l'usure cesse d'être valorisé économiquement. La richesse a été liquéfiée, rendue totalement fluide. Elle ne se trouve plus du côté de l'être, mais du côté du devenir. Elle a cessé d'être possession, jouissance au présent, pour devenir escompte libellé sur les échéances de l'avenir. Coupée de la perspective centrée sur le futur, non intégrée dans la dimension de l'avenir – celle qu'y introduisent les concepts de « développement », de « croissance », de « progrès économique », etc. –, elle se mue en son contraire : en « stagnation », « marasme », « immobilisme »[1]...

Ces lignes de Radkowski rassemblent les résultats de la révolution opérée par la modernité. Désormais, économie et marché se confondent – c'est-à-dire économie et mouvement : le travail qui produit un objet trouve sa réalisation, non dans l'usage, mais dans l'échange de cet objet. Le marché est, non plus le moyen pour accéder à un bien, mais le nouveau centre de gravité de l'économie, et ce qui donne sens à l'objet : le marché n'est pas en vue du produit, mais le produit en vue du marché. Sa valeur dépend d'ailleurs, non de son usage, de son utilité, mais simplement du prix qui sera fixé au moment où la transaction opérera un mouvement entre son vendeur et son acquéreur ; c'est ce mouvement, et lui seul, qui donne désormais au produit, et par conséquent au tra-

1. Georges-Hubert de Radkowski, *Les Jeux du désir*, *op. cit.*

vail qui l'a formé, son existence économique. Cet intérêt exclusif accordé au mouvement de l'échange constitue l'occasion d'un mépris inédit de ce qui demeure – le produit, qui doit d'ailleurs demeurer le moins longtemps possible. Tout n'est pas seulement remplaçable, tout doit être remplacé, le plus rapidement possible.

Comment s'étonner, dès lors, que l'économie moderne soit à l'origine de la crise écologique que nous découvrons aujourd'hui ? Il ne s'agit pas là d'un hasard ou d'un accident. Le monde du mouvement, en exigeant que tout soit sans cesse remplacé, ne pouvait que faire de la nature sa première cible : une « économie des flux », de la croissance et du « progrès » doit rendre mobile tout ce qui est installé, et mettre en crise tous les ordres établis. Et la nature est par définition la figure de cet équilibre qui nous précède : la crise écologique est donc l'effet logique d'une économie du mouvement. Il faudrait être aveugle pour prétendre préserver la nature en affirmant simultanément que notre but est de tout changer, de tout transformer, de tout mettre au service de l'idole du « progrès » technique. L'économie mondialisée a organisé la mobilisation générale des ressources naturelles – littéralement, elle a mobilisé la planète entière, mettant en mouvement la nature dans d'immenses circuits de transport, en faisant de la mer et du ciel des autoroutes où les flux sont sans cesse plus intenses. Comment s'étonner ensuite de la crise écologique ? Qui ne voit que l'idéal de la disruption ne peut avoir d'autre effet que de mettre en état critique tous les équilibres qui nous précèdent, à commencer par celui de l'environnement et de la vie ?

Ainsi l'économie, dont le sens premier était de faire durer les choses, devient le projet d'une destruction sans précédent. Elle se retourne contre elle-même : elle cherche moins à faire durer qu'à remplacer. Et si tout doit être remplacé, ce n'est pas seulement la nature qui se trouve fragilisée : il faut aussi que le mouvement perpétuel de l'économie dépasse, le plus vite possible, ses propres produits. Il ne s'agit pas seulement d'encourager l'achat, mais de faire en sorte qu'il soit renouvelé, et recommencé le plus vite possible. L'entretien, la réparation et le soin porté aux choses cèdent la place à l'univers du consommable et du jetable. L'économie moderne est la première à avoir inventé l'obsolescence programmée : formé aux États-Unis dans les années trente, développé par l'influent industriel Brooks Stevens à l'aube des Trente Glorieuses, ce principe consiste à diminuer volontairement la durée de vie d'un objet pour pouvoir accélérer le rythme de son remplacement. Dans plusieurs secteurs industriels, on oblige les ingénieurs à réduire sciemment la résistance des produits[1]. Ce mépris pour le produit du travail est aussi, bien sûr, un mépris du travail lui-même : l'effort humain n'est plus mesuré pour construire un bien qui dure, mais il est volontairement dépensé pour mal faire. L'obsolescence programmée, c'est l'accomplissement de cette révolution qui nous a fait perdre, en réglant tout sur le marché, le sens de cette paradoxale gratuité que suppose l'amour du travail bien fait. Nous sommes parvenus à l'exact opposé de ce patient attachement

1. Sur ce sujet, voir le film documentaire *Prêt à jeter*, de Cosima Dannoritzer, 2010.

au produit du travail, tel que l'évoquait Péguy – du bâton de chaise bien taillé, au relief soigné et pourtant invisible dans le recoin d'une cathédrale. La civilisation occidentale, dans sa frénésie de circulation perpétuelle, est passée de l'amour du chef-d'œuvre à l'obsolescence programmée.

Une telle révolution ne pouvait se faire qu'au détriment des travailleurs eux-mêmes. Sommés de s'adapter en permanence aux mutations du marché du travail, les salariés deviennent une main-d'œuvre dont on attend qu'elle se déplace au gré des mouvements de l'activité économique. La rhétorique de la « compétence » a fait disparaître ce qu'il faut de temps et d'habitude pour cultiver un savoir-faire singulier. « Avoir du métier », c'était, quelle que soit la nature du travail que l'on effectuait, maîtriser un art qui, avec le temps, finissait par vous habiter. Le métier, c'est ce qui reste en nous des gestes exercés bien des fois, des actions faites et refaites ; c'est ce qui rend irremplaçable l'homme d'expérience. Mais l'expression est passée de mode : l'impératif premier est aujourd'hui celui de la polyvalence, qui accompagne dans l'ordre du travail la liquéfaction du monde. L'agilité est devenue la vertu cardinale, qui nous permet de courir assez vite pour échapper à l'inéluctable ruine de notre univers familier – même lorsqu'il venait tout juste de nous devenir familier.

Bref, on attend d'un salarié moins d'habileté que d'adaptabilité, moins de capacité à faire que de capacité à changer. Comme nous avons abandonné la demeure pour le logement, nous oublions donc le vieux monde des métiers pour occuper des emplois. La demeure suppose du temps, le logement est un simple espace ; de même, le métier est ce qu'il faut du temps pour acquérir, et ce qui ne s'oublie pas – quand il est si rapide de prendre, ou de perdre, un emploi.

Mais la crise du travail n'est pas seulement liée à cette précarisation de l'emploi. Elle touche le sens même de notre effort : l'activité économique, consacrée à produire et à entretenir les biens utiles à notre vie, est devenue l'occasion de détruire notre propre monde et les biens qu'elle-même produit. Comment une telle situation ne nous ferait-elle pas perdre le sens du travail lui-même ? Comment ne nous conduirait-elle pas à nous mépriser nous-mêmes ? Nombreux sont sans doute ceux qui, comme Oscar Parango, dans ce monologue déjà cité du film *99 francs*, sont, même inconsciemment, taraudés par le sentiment de la vacuité ou même de la nocivité de leur activité professionnelle.

> Je ne vais pas travestir la vérité. Je ne suis pas un gentil garçon. Je suis une grosse merde. Un héros moderne quoi. (...) Jamais un crétin aussi irresponsable que moi n'a été si puissant depuis deux mille ans.

Nous l'avons dit, si rien n'échappe au marché, alors plus rien n'a de valeur, y compris la valeur que nous produisons par notre travail ; si rien n'échappe au marché, si tout s'achète et se vend, alors l'économie finit par détruire et s'autodétruire, au lieu de créer et d'entretenir. Et ceci se vérifie de façon transparente dans le monde du travail. Organisant nos vies professionnelles en fonction de leur seule rentabilité, nous avons fini par subir le sentiment d'une absurdité totale, qui suscite une forme de crise généralisée du sens même du travail. En 2013, un article publié par l'anthropologue David Graeber dans un magazine américain rencontre un immense écho : il s'intitule « On the Phenomenon of Bullshit Jobs[1] ». Sans bien sûr nier l'épreuve que constitue le chômage, ce texte montre qu'il existe aussi une profonde souffrance chez des millions de salariés embauchés pour faire un travail qu'ils considèrent comme absurde : tâches inutiles, production de biens ou de services dépourvus de réelle valeur, fonctions de faire-valoir superflues au sein d'une hiérarchie… Ce texte polémique consacre une évidence trop souvent oubliée, par les dirigeants et parfois par les travailleurs eux-mêmes : un salaire, même élevé, ne suffit pas à nous combler dans notre rapport au travail. Bien sûr, les hommes travaillent pour produire ensemble de quoi répondre à leurs besoins, pour obtenir les biens qui leur sont nécessaires pour vivre. Mais ce qu'il y a d'humain en nous aspire, nous l'avons dit, à plus que la simple survie : et dans notre travail lui-même, nous voulons tous servir quelque chose qui excède la seule rentabilité chiffrée. Notre travail, comme nos vies, trouve son accomplissement dans une forme de gratuité. Cette soif est difficile à saisir dans un monde où tout doit pouvoir être compté, parce que tout doit pouvoir se marchander ; mais pour sauver ce monde de la raison calculatrice qui finit par nous rendre fous, il faut redire que l'essentiel de nos existences tient, et tiendra toujours, dans ce qui ne se compte pas.

1. « Sur le phénomène des *jobs à la con* », *Strike Magazine*, août 2013.

IX

DES CHIFFRES OU DES LETTRES

« Il n'y a qu'un problème, un seul : redécouvrir qu'il est une vie de l'esprit plus haute encore que la vie de l'intelligence, la seule qui satisfasse l'homme. Et la vie de l'esprit commence là où un être "un" est conçu au-dessus des matériaux qui le composent. »

La numérisation du monde

La modernité s'est caractérisée par l'importance inédite, et sans cesse croissante, accordée aux mathématiques. Elle a fait des nombres, pour la première fois dans l'histoire, une clé de compréhension du monde – ce qu'ils n'avaient jamais été auparavant.

Pour la philosophie antique, en effet, la séparation était claire entre deux activités totalement hermétiques l'une à l'autre : d'un côté, il y a les mathématiques, qui sont un pur produit de l'intelligence, étrangères en cela à la réalité concrète. Comme le fait observer Platon dans le *Théétète*, quand je regarde cinq osselets, le « cinq » n'est pas *dans* l'un de ces osselets : aucun d'entre eux ne se trouve *être* le « cinq », ou le cinquième. Le nombre « cinq » est seulement dans mon esprit, qui par sa propre opération compte les objets que je perçois. Ce qui intéresse le mathématicien appartient donc au monde des idées, et non à celui des réalités incarnées : quand il veut étudier un triangle, le géomètre ne cherche pas, en le dessinant, à observer la manière dont se comporte cette figure ; il n'observe pas, en fait. Il déduit seulement, du concept même du triangle, les propriétés de cet objet, qui n'est qu'une pure abstraction. Le dessin peut aider à la réflexion, tout au plus ; mais une définition géométrique, en toute rigueur, reste toujours infigurable. Elle est étrangère par principe à la réalité matérielle. Comment pourrait-on dessiner ce qu'est une droite – une suite infinie de points ? Et comment même un point pourrait-il exister tel que la géométrie le décrit, c'est-à-dire comme un lieu qui n'a pas d'étendue – un lieu qui, selon la définition d'Euclide, ne pourrait se découper en aucune partie ? De tels objets n'existent pas dans la réalité physique.

L'étude de la physique est donc une activité logiquement distincte des mathématiques, éloignée d'elles comme le ciel des idées est étranger à la matérialité sensible. La physique d'Aristote, qui servira de fondement à des siècles de recherche scientifique, est une science qui nous paraît aujourd'hui bien littéraire ; elle est faite de mots, et non de chiffres. Elle ne quantifie pas le monde, elle le décrit : pour Aristote, le mouvement ne s'étudie pas dans les équations de la distance, de la vitesse, de la masse, mais comme un itinéraire animé par une finalité, et orienté vers le « lieu naturel » de l'objet. Bien sûr, une telle approche ne pouvait fonder des modèles de calcul précisément déterminés ; elle voulait simplement donner sens aux mouvements apparemment désordonnés que nous pouvons observer à la surface de la Terre. Il n'y a que dans le ciel que nous voyons, croyaient les Anciens, des astres parfaitement sphériques, qui décrivent des cercles parfaits autour de nous, dans un ballet totalement pur qui ne connaît aucun obstacle. L'étude des astres est, pour les Grecs, la science par laquelle nous pouvons observer et contempler avec nos yeux la perfection mathématique. Elle est en fait la seule science qui puisse offrir cette perfection à notre regard : car ce qui semble régner sur les phénomènes terrestres, c'est au contraire le hasard et la contingence. Il faut dire qu'avec cette physique encore purement littéraire, il est difficile de prévoir avec exactitude les mouvements d'un corps… Aussi la physique de l'Antiquité ne se pense-t-elle pas comme une « science exacte » ; au contraire : elle est ouverte à ceux que ne rebute pas le caractère chaotique de la matière, les aléas du « monde sublunaire ».

Cette séparation du contingent et du nécessaire, de l'imparfait et du parfait, de la Terre et du ciel, s'achève avec la modernité. La révolution galiléenne, dont nous avons longuement parlé, a eu pour conséquence d'ouvrir une nouvelle page de l'histoire des sciences, en réunissant ces deux disciplines jusque-là perçues comme étrangères l'une à l'autre : la physique et les mathématiques se rejoignent dans la « science nouvelle » que fonde la découverte de Galilée. Celui-ci, nous l'avons dit, s'est d'abord appuyé sur l'hypothèse héliocentrique conçue par Copernic ; mais cette hypothèse n'était conçue initialement que comme une simplification abstraite pour faciliter les calculs astronomiques. Par prudence ou par choix, la théorie copernicienne ne prétendait pas décrire la réalité de l'univers ; du point de vue de la distinction des sciences telle que nous l'avons rappelée, elle se présentait comme un modèle mathématique, et non comme une théorie physique[1].

1. Pour en savoir plus, cf. Pierre Duhem, *Sauver les apparences*, *op. cit.*

La découverte stupéfiante de Galilée, c'est celle de la concordance apparemment parfaite entre un modèle mathématique abstrait, et la réalité physique observable. Copernic n'a pas seulement inventé *ex nihilo* une équation plus simple pour établir nos calendriers ; il a décrit, par son hypothèse de calcul, la vérité objective de l'univers. En abolissant l'univers hétérogène d'Aristote, en détruisant la vieille ligne de démarcation entre le « monde sublunaire » et le « monde supralunaire », en réunissant le ciel et la terre, Galilée contribue surtout à l'unification inédite, et improbable, de la physique et des mathématiques. Synthèse improbable en effet, car qui eût dit qu'une recherche purement théorique sur des concepts produits par la raison – les nombres, les figures… – pourrait finir par expliquer la réalité de la matière ? Les anciens pratiquaient les mathématiques comme une activité détachée de toute observation du monde réel ; et voilà que ces pures abstractions se révèlent soudainement capables de déchiffrer l'univers.

Le sentiment d'une révélation soudaine, et de son ampleur inouïe, est encore vibrant dans ces lignes de *L'Essayeur,* que Galilée publie en 1623 :

> La philosophie est écrite dans cet immense livre qui continuellement se tient ouvert devant nos yeux : ce livre, c'est l'Univers ; mais on ne peut le comprendre si, d'abord, on ne s'applique pas à en comprendre la langue, et à connaître les caractères dans lesquels il est écrit. Or il est écrit en langue mathématique, et ses caractères sont les triangles, les cercles, et d'autres figures géométriques, sans lesquelles il est impossible

humainement d'en saisir le moindre mot ; sans ces moyens, on risque de s'égarer dans un labyrinthe obscur[1].

Dès lors, tout le travail de l'intelligence va consister à traduire le réel en formules mathématiques, pour pouvoir le saisir, dans le double sens de ce terme – pour assurer notre savoir aussi bien que le pouvoir inédit que cette « science nouvelle » peut nous offrir. Le projet cartésien d'une *mathesis universalis* est ainsi au cœur de la modernité.

Il y a bien sûr quelque chose de fascinant à relire les débats les plus contemporains à la lumière de cette histoire au long cours. Les progrès de la science et de la technique, contrairement aux apparences, ne se produisent pas par hasard, et ils n'adviennent pas non plus d'eux-mêmes, dans une série totalement déterminée, qui échapperait à toute dimension culturelle ou à toute direction contingente. Chaque acquis nouveau de la science est le résultat d'une certaine conscience collective, et vient en retour contribuer à faire encore évoluer notre rapport au monde. De ce point de vue, le développement exponentiel de la technologie numérique n'est rien d'autre que l'une des formes majeures que prend l'accomplissement de la modernité : la numérisation du monde était contenue en germe dans la révolution galiléenne. Dans l'élan de cette unification de la physique et des mathématiques, Galilée sera par exemple le premier à mesurer la vitesse du mouvement, à compter le temps que met un corps

1. Galilée, *L'Essayeur*, *in* Christiane Chauviré, *L'Essayeur de Galilée*, éd. Les Belles Lettres, 1979.

à franchir une distance mesurable : cette opération qui nous semble évidente, Aristote ne l'avait jamais imaginée. C'est ainsi que, contre l'intuition de nos sens, Galilée montrera que la vitesse de la chute des corps est commune à tous les objets, quels qu'ils soient : là encore, il y a un nombre dans la matière, et posséder ce nombre, c'est avoir la clé pour déchiffrer et prédire avec une précision inédite les mouvements que nous observons.

Quelques siècles plus tard, nous ne faisons que prolonger cette intuition en construisant des super-calculateurs qui transforment le réel en une somme immense de données. Le principe du *big data* était écrit dès 1623 : « L'Univers est écrit en langue mathématique... » Traduire le réel dans sa langue d'origine est donc la condition pour le connaître parfaitement. Tout convertir en données chiffrées, en statistiques, en nombres, c'est aujourd'hui le moyen qui nous semble incontournable pour connaître la réalité de façon fiable, objective, « scientifique » ; tout le reste est trop « littéraire »... Nous croyons nous aussi qu'un discours qui ne passe pas par des chiffres nous laisse indéfiniment « égarés dans un labyrinthe obscur ». Notre fascination pour la transformation de l'univers en statistiques trouve son origine dans le principe même de la modernité. Relier chaque nouvelle avancée de la science ou de la technique à la somme des pas qui l'ont précédée, c'est montrer qu'il n'y a rien d'anodin dans la direction que nous suivons aujourd'hui, ni rien d'évident non plus. Jamais un monde aristotélicien n'aurait pu imaginer le « big data » : l'importance que revêt la technologie numérique est un effet de l'époque du mouvement, et cette technologie, dans un mouvement exponentiel, vient renforcer en retour le présupposé qui l'a fait naître.

Le signe du flux

Le lien s'impose entre l'empire inédit du nombre et l'omniprésence du mouvement, que nous étudions ici : le nombre est en effet le signe de ce qui fluctue, de ce qui peut sans cesse changer, évoluer, se transformer en autre chose. Que un plus un puissent faire deux, ce pourrait être une occasion d'émerveillement et d'étonnement : un peut devenir deux, c'est-à-dire se transformer en son autre, à condition d'avoir été placé avec un autre un. Et si l'opération se renouvelle, le deux se changera en trois. Le « un », le « deux », le « trois » ne semblent pas figés, étrangers les uns aux autres ; ils sont au contraire reliés par une continuité qu'aucune rupture ne peut marquer, représentée par les décimales capables d'exprimer à l'infini les variations sans rupture qui font passer d'un nombre à l'autre.

Le nombre est donc le signe du mouvement, par opposition au mot, qui ne peut exprimer que l'identité substantielle, et subsistante. Une fleur est une fleur, et elle ne saurait se changer en autre chose qu'elle-même. On peut additionner toutes les feuilles qu'on voudra sans jamais obtenir une fleur, sans jamais réussir à ce qu'elles deviennent autres qu'elles-mêmes. Ce qui désigne cette réalité qui demeure, c'est le mot : « fleur », « feuilles », « fruit » et « branche » désignent des êtres singuliers, qui ne sauraient être affectés de variations dans ce qu'ils sont. Le mot exprime, par opposition au nombre, cette propriété essentielle d'un être, qui ne se laisse pas quantifier. Gardons-nous de nous laisser prendre à notre fascination pour les courbes : dans son essence, un être ne saurait être « diminué » ou « augmenté » – il est, ou il n'est pas. Il est ceci, ou autre chose. Un homme dont les facultés se sont usées avec le temps n'est pas un « homme diminué » : il demeure un homme, jusque dans l'extrême fatigue, dans la vieillesse et la fragilité, tant que demeure en lui la vie humaine qui l'anime. Un homme dont les facultés ont été accrues par le pouvoir de la technique n'est pas un « homme augmenté » : lui aussi demeure simplement un homme – à moins qu'ayant perdu, par le remplacement technique, la vie proprement humaine qui l'animait jusque-là, il devienne un jour autre chose qu'un homme. Le transhumain, le post-humain, s'ils ont quitté l'humanité, n'en représentent pas une variation « améliorée » : être plus qu'humain, c'est déjà ne plus être humain.

Le nombre n'extrait de la chose que ce qui est mobile en elle, ce qui pourrait changer, augmenter ou diminuer. Il décrit le flux, et saisit pour cela le fluctuant, le plus ou moins, le variable. Or l'essentiel, dans le réel, c'est ce qui n'est pas variable : l'essentiel dans la fleur n'est pas qu'elle ait dix ou douze pétales ; l'essentiel est que la fleur est une fleur, et cela ne varie pas avec le nombre de pétales. Le douze peut devenir dix, ou le dix douze ; mais l'être d'une fleur ne se laisse pas changer en quelque chose d'autre qu'une fleur. Ainsi l'être, dans sa consistance propre, échappe au nombre, et ne se laisse saisir, même imparfaitement, que par la signification du mot.

De ce point de vue, jamais l'intelligence de ce que sont les êtres et les choses n'appartiendra à une simple puissance de calcul, fût-elle immense. L'idée qu'une machine, à force de résoudre des équations de plus en plus rapides et complexes, pourrait devenir une « intelligence artificielle », cette croyance contemporaine qui semble être le dernier mot d'un positivisme épuisé, a quelque chose de très inquiétant – non pour l'avenir, par ce que pourrait devenir cette intelligence artificielle ; mais pour le présent… Car le seul fait que nous puissions prendre au sérieux cette assimilation de l'intelligence à une machine à calculer en dit long sur le mépris dans lequel nous tenons notre propre vie intérieure, et sur la méprise qui nous empêche de considérer ce qui, dans notre connaissance du monde, échappe à tout calcul.

En fait, le *big data* ne saisira du réel que ce qui est de l'ordre du variable, et donc du superficiel : ce que le nombre mesure, c'est tout ce qui ne fait pas l'essence même d'une chose. On peut compter beaucoup de choses en regardant une fleur, mais jamais ce qui fait d'elle une fleur, c'est-à-dire autre chose que dix ou douze pétales additionnés à une tige. De la même manière, la statistique saisira tout des hommes, sauf ce qui les fait être des hommes. Tout au plus la numérisation du monde nous donnera-t-elle l'illusion que tout dans le réel peut être chiffré, déchiffré, et par là maîtrisé. Si le nombre est le signe du flux, alors convertir le réel en nombres, c'est nous promettre que tout en lui peut être transformé, remplacé, déplacé ; la numérisation nous fait croire que rien ne résiste à la raison calculatrice et à la toute-puissance technique : si tout est nombre, tout est liquide. La numérisation du monde est une étape et un symptôme de la liquéfaction du réel, de cette « liquidation générale » que nous évoquions plus haut. L'achèvement de la *mathesis universalis*, ce serait donc l'accomplissement de notre toute-puissance : le réel deviendrait absolument transparent à notre conscience, et à notre science. La mathématisation du savoir a ceci de fascinant pour l'esprit, qu'elle fait converger l'épaisseur de la matière avec la transparence de ses abstractions. Du nombre, nos calculs peuvent disposer comme ils le veulent – aucune suite de chiffres ne résiste à nos opérations. En assimilant aux nombres la totalité des faits et des choses, la numérisation du monde dé-réalise la réalité : car le propre de la réalité – le mot vient du terme latin *res* – c'est précisément cette résistance qu'elle impose à ma pensée, et à mon action. La *mathesis universalis*, en plaçant tout l'univers sous l'empire du nombre, en abolit toute consistance. Si elle parvient à son terme, nous nous trouverons face au monde avec le sentiment curieux qu'il n'oppose aucune résistance, tout en étant insaisissable – comme dans un élément liquide où la main évolue sans obstacle, mais sans pouvoir se poser sur rien. Tel est le monde, absolument mobile et mouvant, dans lequel nous évoluerons, quand il aura été traduit en un océan de données.

Pour éviter à ce monde de sombrer dans l'insignifiance, l'époque du numérique a besoin, plus qu'aucune autre, de se réconcilier avec cet autre signe qu'est la lettre. Signe de la stabilité, nous l'avons dit, le mot ne se laisse pas affecter par des variations infinies, à moins d'y perdre son sens… Les mots ont une vie bien sûr, et leur usage peut évoluer ; mais, sans être figés de manière définitive, la condition de leur efficacité tient à leur définition, et au fait qu'elle demeure la même, indépendamment des personnes et des circonstances. Naturellement, il est bien des mots dont nous passerons notre vie à chercher la signification la plus approchante : justice, amour, bonheur ou malheur, vie ou mort, vérité… Mais le fait que nous cherchions ensemble la meilleure définition de ces termes ne veut pas dire que ces définitions varient selon le temps, au gré de nos erreurs ou de nos incertitudes. Si je me trompe de cap en cherchant à atteindre un port, cela n'entraîne pas que le port se déplace selon la direction que je prends… Ainsi, les mots que nous employons servent à désigner des idées qui, quand bien même nous ne sommes pas capables de les exprimer parfaitement, ne fluctuent pas pour autant selon les courbes d'opinion.

Comme au IVe siècle grec, il nous faut sauver le langage de cette fluctuation dans laquelle il semble condamné à n'avoir pas de sens stable – jusqu'à n'avoir pas de sens du tout. Comme en face des sophistes, nous devons de nouveau refuser que le chiffre – l'efficacité sondagière, la rentabilité commerciale – devienne l'étalon à l'aune duquel on calcule le meilleur usage des mots. Le relativisme traduit, dans notre rapport au langage, la fascination contemporaine pour le mouvement perpétuel ; mais pour qu'un mot puisse permettre de communiquer, il faut absolument que sa signification échappe à ce mouvement perpétuel... En le soumettant à une fluctuation définitive, le relativisme détruit donc le langage, et ce bien infiniment nécessaire et précieux qu'est la signification commune des mots que nous employons. Pierre Bourdieu dénonçait comme une illusion ce « communisme linguistique[1] » ; mais nous serons bien incapables de quelque commun que ce soit lorsque nous aurons poussé jusqu'au bout notre « individualisme linguistique »...

Chiffrer pour remplacer

Il nous faut donc, dans cette époque de numérisation du monde, retrouver la consistance des mots, pour qu'ils nous éveillent de nouveau à la réalité des choses. Un tel chemin du mot à la chose n'a plus rien d'une évidence : notre modernité a trouvé l'une de ses sources dans le nominalisme qui, dès le XIIe siècle, contestait l'idée même d'une équivalence entre les concepts et la réalité qu'ils sont supposés décrire. Elle s'est ensuite tout entière déployée comme une critique du langage, s'attachant à déconstruire les règles de la grammaire ou du vocabulaire comme

1. Pierre Bourdieu, *Langage et pouvoir symbolique*, Le Seuil, 2001.

autant de disciplines artificielles, outils de domination, d'oppression ou d'aliénation[1]. Les débats contemporains sur le genre, par exemple, sont directement issus de ce mouvement critique : ils dépassent la question des limites de nos corps, dont nous avons déjà parlé. Avec les *gender studies*, il s'agit de contester un principe grammatical – le mot « genre » est directement issu du lexique de la grammaire ; à ce principe, on reproche de figer la distinction « binaire » du masculin et du féminin. Le langage est ici critiqué comme une construction normative – la question même de savoir dans quelle mesure il pourrait être aussi le résultat d'un simple effort descriptif n'est même plus posée. Elle est d'ailleurs purement et simplement interdite, et le simple fait de la poser suffit à vous ranger parmi les opposants au « progrès ». Car le progrès suppose d'affirmer que rien ne nous précède qui puisse limiter notre capacité de mouvement, de changement, de choix. Le masculin et le féminin ne sauraient être des catégories descriptives, rendant compte d'une réalité des corps susceptible de nous résister ; la modernité s'accomplit dans la déconstruction des barrières qui empêchaient la circulation, des distinctions qui imposaient un renoncement : tout son projet technique y concourt, comme nous l'avons montré, et sa critique du langage procède de ce même mouvement. Le progrès consiste à étendre le domaine de la mobilité en défaisant jusqu'aux principes les plus généraux de la grammaire : désormais,

1. On trouvera une discussion plus développée de ce point dans *Les Déshérités*, *op. cit.*, p. 127 et suivantes : « La langue est-elle une prison ? »

grâce à cette ultime déconstruction, l'individu peut circuler d'un genre à l'autre, échapper à l'assignation qui le fixait dans une identité singulière, choisir d'être « non binaire » – c'est-à-dire ne se définir que par sa capacité de mouvement. En 2016, le magazine *Les Inrocks* titrait, triomphant : « Comment le genre est devenu fluide. »

Mais c'est parvenus à ce point que nous comprenons mieux combien le langage et le réel ne sauraient être opposés l'un à l'autre. Au contraire : ils ont partie liée. Défaire les mots, c'est aussi imposer une défaite aux choses – et, quand il est question de genre, aux corps. La déconstruction du genre implique le déni du sexe, que l'on cherche à annexer de force à l'universelle plasticité désormais exigée du réel. Mais cette révolte contre le réel ne peut que constituer une violence impuissante... De fait, la prochaine vague de déconstruction des différences, l'antispécisme, voudrait nous convaincre que l'homme n'est qu'un animal parmi d'autres ; mais alors il serait bien le seul animal à vivre la distinction du masculin et du féminin comme un pur artifice, sans aucun fondement organique... Toute l'éthologie nous montre que ces deux polarités traversent en profondeur, non seulement la fécondité, mais aussi les comportements et les relations au sein d'innombrables espèces. Il faut tout l'orgueil paradoxal d'une culture humaine pour se croire responsable – et coupable – d'une détermination si profonde ; il faut toute la défaite moderne des corps pour atteindre un tel point d'abstraction, pour penser que leur distinction est un effet arbitraire du langage, et qu'il suffirait de la déconstruire dans les mots pour l'abolir dans les faits.

La « génération *gender fluid* » louée par *Les Inrocks* pourrait bien avoir, en fait, beaucoup perdu, en détruisant le vocabulaire élaboré pour apprivoiser ces permanences qui font notre condition de vivants.

Elle pourrait bien, en particulier, avoir perdu le sens de ce qu'il y a de précieux, d'irremplaçable même, dans ce que nous cherchons à effacer. Le mot porte avec lui ce que son objet a de singulier : nous l'avons dit, une définition ne se laisse pas substituer à une autre, précisément parce que le mot dit ce par quoi une réalité est différente des autres. La fleur n'est pas la feuille, la feuille n'est pas la tige, ni la tige la racine. Pour la vie de la plante, chacune de ces réalités est nécessaire, dans sa nature particulière. La parole restitue le sens du monde en manifestant cette nécessité essentielle de chacune des réalités singulières qui s'ordonnent pour former un tout ; et elle révèle ainsi en retour le sens de chaque partie du tout, que rien ne pourrait remplacer.

Ainsi, si le masculin et le féminin peuvent être dits dans leur altérité, c'est parce que tous deux sont nécessaires à la vie du tout ; si ce n'est pas le cas, ils n'ont plus de raison d'être, plus de raison non plus d'être distingués. Et nous pouvons confondre tous les individus dans un même ensemble indistinct, où chacun est remplaçable par n'importe quel autre – et où, ainsi, ils peuvent être comptés plus facilement dans les grandes masses du *big data*. La crise du langage laisse toute la place au signe qui témoigne, non d'une nécessité du singulier, mais de la possibilité constante du remplacement de toute chose : le nombre, qui exprime le flux, est ce par quoi nous désignons une substitution possible. Une réalité qui se réduit à une mesure chiffrée est remplaçable par n'importe quelle réalité évaluée de manière équivalente. Le chiffre est le moyen de l'échange, et par conséquent l'outil propre du marché, celui qui permet de convertir n'importe quel objet en n'importe quel autre. Si mon entreprise ne se décrit pas comme une communauté humaine, faite de talents singuliers, mais se compte en force de travail, quantifiable en statistiques de productivité et en coût de rémunération, alors cette force de travail est remplaçable par n'importe quelle autre (humaine ou mécanique, ici ou ailleurs...), et elle sera remplacée dès que les chiffres décriront ce mouvement comme rentable. La numérisation et la mondialisation sont ainsi, en ce sens, deux aspects d'un même phénomène.

Si un ami n'est qu'un numéro dans une liste dont je cherche à augmenter le total pour exister sur les réseaux sociaux, alors cet « ami » peut être échangé contre n'importe quel autre ; et il sera changé, si dans l'opération j'ai une chance d'en gagner plus. Si une relation amoureuse peut n'être que le résultat d'un algorithme, alors nous sommes tous remplaçables, et donc concurrents sur un grand marché du couple à l'échelle de la planète. La notation, au moment où on voudrait la bannir de l'école, envahit toutes les dimensions de nos vies : nous passons désormais notre temps, à l'aide des outils numériques, à nous noter les uns les autres, et à transformer en chiffres la moindre expérience ordinaire : un dîner au restaurant, un film, un trajet partagé... Certains d'entre vous traduiront leur lecture de ce livre en une évaluation chiffrée. En Chine, les citoyens se voient attribuer une « note sociale » censée évaluer leur personnalité[1]. Un tel dispositif nous fait peut-être frémir ; mais ne nous arrive-t-il pas bien souvent, à nous aussi, de mesurer ceux que nous rencontrons en fonction du nombre des contacts dont est affectée leur identité numérique ? Identifier une personne à des données statistiques est sans aucun doute un trait nouveau de notre expérience sociale : mais il ne s'agit après tout que d'un aspect parmi d'autres de la *mathesis universalis*, qui trouvera son achèvement quand elle croira être parvenue à traduire en chiffres la totalité du réel.

Urgence de la poésie

Le nombre est le signe de l'équivalent, de l'indifférent, du remplaçable – de l'échange et du marché. Si le réel ne se laisse pas exprimer sans reste par ce signe, c'est parce qu'il est fait d'êtres, de choses, d'actes, de lieux et de personnes qui ne sont pas substituables les uns aux autres : il est fait d'*unique*. Et le propre de l'unique est de n'entrer dans aucune série numérique… On ne fait pas collection d'amis ; un ami ne se remplace pas par un

1. « China to bar people with bad "social credit" from planes, trains », Reuters, 16 mars 2018.

autre. Et, sauf à avoir perdu le sens de l'amour, toute histoire d'amour est absolument singulière. Tout ce que nous vivons est marqué par cet exceptionnel auquel la statistique ne peut que rester aveugle – tout, même le lieu que nous habitons : un logement, ramené à sa surface mesurable ou à son prix de vente, est comparable à tous les autres logements, et même à tout bien échangeable sur le marché ; mais en tant qu'il abrite les souvenirs intimes d'une vie, le plus modeste foyer est un continent à soi seul, que rien ne pourrait remplacer. Et quand nous le quittons pour un autre, il ne se joue pas dans notre vécu une substitution anodine : quand bien même ce serait pour « s'agrandir », nous quittons dans l'échange un lieu habité de mémoire, de joies et de peines, d'images familières et de rituels lentement installés. Cette singularité de la demeure, aucun chiffre ne peut la dire.

Pour retrouver le contact avec nos propres vies, il faut retrouver le sens de l'unique qui ne cesse de les traverser et de les animer : il faut donc retrouver le sens des mots. Car le mot exprime ce que son objet a de singulier, de différent de tous les autres ; contrairement au chiffre qui rend tout commensurable, le mot montre l'irremplaçable. Aucun compte ne peut traduire ce qu'il y a d'inestimable dans la réalité vécue : seule la langue en est capable, et en particulier cet usage de la langue qui renonce par principe à toute tentation de maîtrise technique, utilitaire, intéressée – à tout calcul sur les choses : la littérature, et la poésie.

Entendons-nous bien : il ne s'agit pas ici d'idolâtrer la lettre, et de mépriser le chiffre. Il y a de la mauvaise littérature, et bien des calculs nécessaires. Mais dans un monde gagné par l'omniprésence du numérique, et la dilution de la parole, il me semble que la véritable urgence politique est dans la résurrection du langage : il nous faut retrouver ensemble le sens du réel, et cela suppose que nous retrouvions ensemble le sens des mots. Cela revient à dire – et il n'y a rien là d'abstrait, en fait – que la véritable urgence politique est, en réalité, poétique.

Le propre de la littérature est qu'elle ne cesse de nous rappeler à ce réel qui n'existe que par les résistances qu'il nous impose. Certaines sont surmontables, à condition d'effort et d'ingéniosité ; d'autres sont indépassables, et toute la sagesse des mythes, des contes, des légendes, des récits, toute la vérité des fictions que les hommes ont imaginées, a consisté à tenter de nous réconcilier avec cette vie marquée pour toujours par l'expérience des limites. De manière tragique ou comique, dans la force de l'épopée ou la douceur de l'élégie, la littérature ne dit rien d'autre que la rencontre éprouvante de notre vouloir avec ce monde qui nous résiste, avec d'autres libertés, et avec nos propres faiblesses. C'était déjà tout le sens de l'épopée de Gilgamesh : la quête de la vie sans fin, sans bornes, sans mort, la quête de la toute-puissance dans l'ici et le maintenant, ne peut que nous mener à détruire cette vie finie, bornée, mortelle – mais cette vie pourtant bien réelle, dont nous avons hérité. La littérature nous sauve, simplement parce qu'elle pose, sous des formes sans cesse différentes, cette question toujours renouvelée : « Où vas-tu, Gilgamesh ? » Où vas-tu ? Sais-tu où tu vas, cher lecteur ? Où allons-nous ensemble ? Cette seule question nous évite – de cela, nous avons besoin plus que jamais – de céder sans distance à notre fascination irréfléchie pour le mouvement permanent, et pour les promesses du changement.

Mais il ne s'agit pas d'opposer à cette fascination une sorte de passivité figée ; au contraire. Ce qui nous fera échapper à l'optimisme obligatoire, à l'enthousiasme irréfléchi, à l'injonction de la nouveauté, ce n'est pas le réflexe inverse d'un enlisement résigné dans le maintien du statu quo – qui voudrait d'une telle alternative ? À la pression vers le changement, vers l'universel remplacement, il nous faut répondre par un sens renouvelé de la valeur des choses que nous tenons dans nos mains. Et la littérature répond, là encore, à cette nécessité de l'émerveillement : la poésie ne fait rien d'autre que dire le réel, et en manifester la beauté. Dans les choses les plus simples, comme les plus grandes ; dans les joies, les obstacles et jusque dans la souffrance ; à l'aube de l'amour, comme au seuil de la mort : la vie mérite d'être dite, d'être considérée, d'être contemplée. C'est ce que fait la poésie ; et c'est paradoxalement ce qui donne au poème un tour souvent mélancolique. Car la littérature sait combien ce qu'elle embrasse est fragile, et mortel ; et de ce fait, l'émerveillement qu'elle nous donne d'éprouver ne va pas sans nostalgie. Mais cette nostalgie est finalement le meilleur antidote à l'optimisme étourdi de notre conscience moderne, trop sûre de ses triomphes techniciens : elle n'est que l'expression naïve d'un irrépressible amour du réel, d'un amour éperdu pour la beauté des choses, d'autant plus éperdu qu'il les sait vulnérables, et qu'il se sait incapable de les sauver par sa seule étreinte.

La nostalgie ne semble guère compatible avec une époque d'optimisme, d'innovation, de disruption. Il est vrai qu'elle ne nous tourne pas vers l'avenir. Et pourtant elle nous y prépare, en nous aidant à reconnaître la valeur des biens de ce monde, qui méritent que nous nous préoccupions de les sauver pour les transmettre. Dans un texte consacré à l'Exposition universelle, Baudelaire se penche, en homme de lettres, sur l'idée de progrès – non sur le fait de s'améliorer, mais sur la supposition d'une marche en avant de l'histoire qu'il s'agirait d'épouser : « idée grotesque, écrit-il, qui a fleuri sur le terrain pourri de la fatuité moderne, a déchargé chacun de son devoir, délivré toute âme de sa responsabilité, dégagé la volonté de tous les liens que lui imposait l'amour du beau[1] ». Derrière la virulence de ces critiques, il y a la tristesse désespérée du poète qui voit le monde occidental s'abandonner avec trop de certitudes à la passion du changement, ne se reconnaissant plus aucun lien, même envers les belles choses dont nous sommes pourtant responsables. C'est ce lien envers la beauté, que peut seule susciter l'expérience de l'étonnement, de l'émerveillement, que la poésie, comme la philosophie, voudraient ressusciter en nous. En ce sens, toute poésie, toute philosophie aujourd'hui, ne peuvent que tenter de disputer le monde à l'emprise de la technique, qui voudrait le transformer. Baudelaire décrit cette tension en une formule tranchante : « La poésie et le progrès sont deux ambitieux qui se haïssent d'une

1. Baudelaire, « Exposition universelle 1855 », *in Curiosités esthétiques*, Michel Lévy frères, 1868, p. 219.

haine instinctive[1]. » Sans doute y a-t-il dans ces lignes une réaction excessive ; il n'en reste pas moins que l'alternative est plus que jamais d'actualité : alors que nous vivons l'accomplissement absolu de la modernité – qui ressemble, par bien des aspects, à la défaite de la poésie –, nous pouvons retrouver dans l'effort de la lettre un moyen de ne pas tout abandonner à l'empire du numérique. Tout ramener à de l'interchangeable, de l'indifférent, du comptable, ou bien révéler de nouveau l'unique et l'irremplaçable ; accélérer, ou habiter ; transmettre, ou transformer : dans les discernements qui nous appartiennent encore, la littérature a sans doute son mot à dire…

Évoquer ici la nécessité de la poésie, ce n'est pas faire référence à des formes esthétiques ou à des règles de versification, mais seulement à un certain rapport au monde, à un certain usage de la langue, qui expriment le besoin de contempler plutôt que de transformer. De ce fait, il peut sembler étonnant que la littérature soit désignée comme une réponse aux problèmes bien concrets qui ont été évoqués dans ces pages : l'attitude poétique est généralement perçue comme dépourvue d'effet, incapable d'efficacité matérielle. La langue qui décrit le réel n'ajoute rien au réel qu'elle décrit. Dans son usage poétique en particulier, elle ne permet aucune action : elle réveille seulement notre attention aux réalités présentes. Mais c'est justement par là que la poésie est plus nécessaire que jamais : car pour résoudre la crise que nous rencontrons aujourd'hui, nous avons moins besoin d'action que d'attention retrouvée

1. Baudelaire, « Salon de 1859 », *ibid.*, p. 261.

– non pour arrêter l'action, mais pour lui redonner sens, en la dirigeant de nouveau vers ce qui mérite que nous y soyons attentifs, et en protégeant ce qui exige que nous y fassions attention.

Contempler le réel, c'est renoncer pour un temps à le transformer. Ce temps donné à la contemplation est aujourd'hui le seul choix qui puisse sauver notre monde, en nous sauvant du déni dans lequel nous entraîne la fascination pour notre propre pouvoir. Il nous permet de nommer ce qui résiste à notre action – c'est-à-dire aussi ce qui demeure pour lui donner sens. C'est parce que cet usage de la langue cherche ce qui demeure, qu'il atteint par-delà le passage des siècles une absolue actualité. Mieux que tous les arguments rationnels, la littérature met le relativisme en échec, en montrant que le sens des mots se trouve dans la constance de la vérité qu'ils touchent : une œuvre classique est indémodable ; un simple vers, s'il dit l'essentiel, un seul mot juste même, est indépassable.

Ainsi, l'effort poétique constitue à lui seul une réponse à cette question, la plus grande question politique qui nous attend aujourd'hui : accepterons-nous que quelque chose nous précède ? Serons-nous capables de reconnaître ce dont nous héritons, et de travailler à le transmettre ? Ou poursuivrons-nous dans ce mouvement perpétuel, qui veut que tout ce qui est antérieur à nous soit continuellement transformé, remplacé par du nouveau, rendu liquide et mobile, pour mieux devenir l'effet de notre désir immédiat ?

L'effort de la littérature consiste à reconnaître la consistance souvent éprouvante de ce réel qui nous préexiste ;

il est ainsi exactement opposé au déni organisé par nos obsessions technicistes, nos idéologies du moment, qui ont pour propriété, et ce n'est pas un hasard, d'être absolument incapables de tout sens poétique. Sauver le réel de nos ressentiments, de notre passion du changement, suppose aujourd'hui ce premier acte de résistance qui consiste à renouer avec le verbe, à protéger le pouvoir signifiant des mots, qui peut seul redonner tout son sens à l'aventure de nos libertés, en les fondant sur ce qui demeure.

Conclusion
Le sens de l'odyssée

« De ce que j'ai aimé, que restera-t-il ? »

La littérature peut sans doute se faire le témoin de ce que nos travaux humains cherchent à atteindre : non le changement continuel, mais une vie sauvée, pour toujours. C'est le miracle tout terrestre qu'accomplit la littérature : ses victoires consistent à se hisser au-dessus des modes et des réformes, par des œuvres dont la force atemporelle tient à ce qu'elles témoignent de ce qui demeure toujours présent, toujours actuel.

L'une de ces œuvres remonte aux prémices de la conscience occidentale, et elle m'a accompagné tout au long de cette méditation sur la crise qui semble épuiser aujourd'hui une civilisation dont elle a connu la naissance : l'*Odyssée*, attribuée à Homère, remonte à la fin du VIIIe siècle avant Jésus-Christ. Ce long poème épique, en grec ancien, a été composé juste après l'*Iliade*, qui racontait la guerre de Troie, un conflit de dix ans conclu par la victoire des Achéens. L'un d'entre eux, Ulysse, roi d'Ithaque, connaît un retour compliqué dans son pays : parce qu'il a affronté et blessé le fils de Poséidon, dieu de la mer et des océans, il devient l'objet de sa vengeance, et se trouve confronté à d'innombrables périls, qu'il lui faudra affronter pour revenir chez lui. L'*Odyssée* raconte ce voyage : après dix ans de guerre, dix ans d'errance et d'épreuves dont, de tout l'équipage parti avec lui, Ulysse sera seul à réchapper…

Ce n'est pourtant pas faute d'avoir pu trouver en chemin des lieux propices où s'arrêter. Alors que tous ses compagnons de mer sont morts, Ulysse échoue sur l'île de la nymphe Calypso, qui tombe amoureuse de lui, et le retient avec elle. Il faudra l'intervention de Zeus pour que Calypso accepte de laisser le héros repartir. Mais au moment de le quitter, elle tente une dernière fois de le convaincre :

> Fils de Laërte, écoute, ô rejeton des dieux, Ulysse aux mille ruses !… C'est donc vrai qu'au logis, au pays de tes pères, tu penses à présent t'en aller ?… tout de suite ?… Adieu donc malgré tout !… Mais si ton cœur pouvait savoir de quels chagrins le sort doit te combler avant ton arrivée à la terre natale, c'est ici, près de moi, que tu voudrais rester pour garder ce logis et devenir un dieu, quel que soit ton désir de revoir une épouse vers laquelle tes vœux chaque jour te ramènent… Je me flatte pourtant de n'être pas moins belle de taille ni d'allure, et je n'ai jamais vu que, de femme à déesse, on pût rivaliser de corps ou de visage[1].

Qui ne céderait pas aux avances d'une déesse ? Et qui n'accepterait pas, ainsi, de devenir dieu ? Au moment de

1. Cette citation ainsi que les suivantes sont tirées de la traduction de Victor Bérard, *Iliade - Odyssée*, Gallimard, Bibliothèque de la Pléiade, 1955.

cet échange, Ulysse est parti depuis dix-sept ans déjà, et depuis lors il n'a cessé de risquer la mort à chaque instant ; Calypso lui prédit ici encore bien des épreuves avant son retour au pays. Entre courir au danger en espérant peut-être retrouver une mortelle, et devenir un dieu en épousant une nymphe qui vous poursuit de sa flamme, le calcul semble très vite fait... Mais la vie n'est pas un calcul : on n'échange pas son foyer pour la maison d'une autre. Et une épouse n'est pas interchangeable, fût-ce avec une déesse... Ce qui pour nous vaut de manière unique ne saurait être remplacé : Ulysse veut retrouver sa demeure, et sa femme.

> Déesse vénérée, écoute et me pardonne : je me dis tout cela !... Toute sage qu'elle est, je sais qu'auprès de toi, Pénélope serait sans grandeur ni beauté ; ce n'est qu'une mortelle, et tu ne connaîtras ni l'âge ni la mort... Et pourtant le seul vœu que chaque jour je fasse est de rentrer là-bas, de voir en mon logis la journée du retour ! Si l'un des Immortels, sur les vagues vineuses, désire encore me tourmenter, je tiendrai bon : j'ai toujours là ce cœur endurant tous les maux ; j'ai déjà tant souffert, j'ai déjà tant peiné sur les flots, à la guerre !... s'il y faut un surcroît de peines, qu'il m'advienne !

Aux origines de notre civilisation, le chant d'Ulysse constitue une réponse à la crise qui la traverse aujourd'hui : nous ne sommes pas plus faits pour l'immobilité que pour le mouvement perpétuel. Les deux injonctions seraient aussi absurdes l'une que l'autre. L'aventure d'Ulysse est si longue et si mouvementée, que son nom est à l'origine du mot odyssée. Il nous faut aujourd'hui, c'est certain, retrouver le courage et le goût des odyssées… Mais pour cela, encore faut-il savoir que l'odyssée n'est pas un but en soi : elle n'a de sens que tendue vers son point d'arrivée, vers la patrie du héros qui concentre toute son attention, et justifie tout son effort. Pour que le mouvement retrouve un sens, et même pour qu'il redevienne possible, encore faut-il que des points fixes puissent le faire exister de nouveau. Ulysse nous rappelle cette nécessité, que tout marin connaît parfaitement : la mer est en effet, au sens le plus concret du terme, un univers mobile. Rien ne semble fixé ou figé quand on se trouve au milieu de cet élément liquide. Parce que la mer sur laquelle il se trouve est elle-même sans cesse en mouvement, parce que le vent qui porte est un flux, il est très difficile pour celui qui navigue de savoir exactement s'il avance ou non, à quelle vitesse, et dans quelle direction. Pour comprendre son propre mouvement, il lui faut se rapporter à des points de repère qui échappent à ce mouvement. Quand on est encore près des côtes, on peut se fier à des amers, des points fixes à partir desquels on pourra se situer : un phare, une tour, un clocher, une balise ou l'entrée d'un port… Au milieu de l'océan, on aura recours au soleil ou aux planètes, en se repérant selon leurs positions habituelles. Dans tous les cas, il faut que tout ne soit pas saisi par le mouvement pour que nous puissions le comprendre, et nous orienter vers un cap.

Ce cap n'est pas seulement le terme du voyage : il en polarise chaque instant, chaque étape. Dix ans durant, la navigation d'Ulysse est habitée par sa destination. Ulysse veut retrouver son logis, les bras de Pénélope, et son fils Télémaque ; il veut libérer son pays de l'anarchie causée par les prétendants qui assaillent sa femme afin de devenir roi. Il veut reprendre son verger, et cultiver de nouveau la terre féconde de son « Ithaque entre deux mers ». Pourtant, le héros infortuné n'a aucune assurance d'atteindre un jour son but, et d'aborder la rive tant espérée ; sans doute même sait-il qu'avec Poséidon contre lui, il a peu de chances d'y parvenir à la fin. Mais Ithaque qui attend « là-bas » concentre dès maintenant chaque geste, chaque décision, chaque mouvement de l'odyssée ; et c'est ce point d'arrivée qui fait naître l'énergie de l'aventure.

La crise à laquelle aboutit notre modernité, dans son accomplissement inédit, tient tout entière au fait qu'elle exalte le mouvement, au point de lui refuser absolument tout but qui pourrait y mettre un terme. Nous voulons que tout change, que tout bouge, que tout se transforme ; et ainsi nous ressemblons à un Ulysse épuisé, enivré de son odyssée au point qu'il renierait sans cesse Ithaque de peur de voir son périple s'achever. Nous avons fui la demeure, disqualifié la patrie, déconstruit les stabilités naturelles, révoqué l'immobilité des vérités éternelles, pour pouvoir rester en mouvement – sans voir que ces points fixes étaient les conditions nécessaires au mouvement que nous aimons tant ; et faute d'avoir encore un point d'arrivée vers lequel nous diriger, nous nous agitons désormais sans savoir pourquoi changer, et en prenant d'ailleurs le risque de ne rien changer, en fait. Après tout, bouger sans cesse est le plus sûr moyen de ne pas avancer : si nous ne savons pas où nous allons, nous risquons fort de revenir sans cesse au même endroit, au même état. L'époque ouverte par le *De revolutionibus* de Nicolas Copernic nous enseigne à nos dépens, peut-être, que faire la révolution, c'est au sens littéral du terme revenir au point de départ.

Ulysse n'est pas un révolutionnaire : il ne cherche pas la nouveauté. Le principe de son aventure n'est pas la rupture, le changement, mais l'amour de ce qui est. L'âme de son odyssée, c'est la nostalgie. Ce n'est pas une mélancolie affligée, non : Ulysse ne se contente pas de pleurer le pays perdu. Il pleure, tout héros qu'il est, lorsque les circonstances le réduisent à l'impuissance : prisonnier de Calypso, « il était sur le cap, toujours assis, les yeux toujours baignés de larmes, perdant la douce vie à pleurer le retour… Et il passait les jours, assis aux rocs des grèves, promenant ses regards sur la mer inféconde ». Mais le jour même où la nymphe le libère, le voilà de nouveau s'affairant à la construction d'un radeau ; il ne lui faut que cinq jours pour reprendre enfin la mer – non pas pour retrouver la mer, mais pour retrouver sa terre.

Il nous faut retrouver notre Ithaque. Être capable, pour commencer, de la nommer de nouveau, de désigner ces points fixes que nous espérons atteindre, même sans aucune certitude d'y parvenir un jour, et qui cependant donneront dès aujourd'hui sens à nos engagements, à nos actes, à nos mouvements. Il nous faut retrouver ces buts immuables qui justifient des odyssées. Le pays qui nous attend, auquel il faut redonner la paix et la stabilité qu'il espère. Une langue familière entre toutes, dans laquelle se sont noués des liens qu'aucune distance ne pourra jamais ébranler. Une nature à cultiver de nouveau, où nous pourrons nous reconnaître, comme Ulysse en son verger, non à ce que nous aurons détruit, mais à ce que nous aurons fait vivre pour pouvoir perpétuer la vie. Une culture où se dévoile dans le temps ce qui échappe au temps, les vérités qui obligent toute intelligence à poursuivre son chemin vers elles, et les idéaux qui orientent la vie des hommes comme la construction des cités…

Tout cela demeure, fixe et stable, pour donner sens à nos vies. Sans la conscience de ces buts, nous pourrons accélérer autant que nous le voudrons, nous irons seulement plus vite et plus loin dans le sentiment de l'absurde. Il nous faut retrouver notre Ithaque. Bien sûr, savoir que le changement vise un accomplissement final, que le mouvement est tendu vers le repos, ne nous garantit en rien que ce but pourra être atteint. Mais cela n'enlève rien à la nécessité du but ; et ne pas savoir qu'il existe, croire qu'il n'est absolument rien qui soit fixe pour orienter nos efforts, c'est nécessairement sombrer dans le désespoir.

Le chant XXIII de l'*Odyssée* vient nous faire éprouver tour à tour ce désespoir, et le bonheur inouï de se savoir enfin arrivé à destination. Ulysse est rentré chez lui ; il a retrouvé tour à tour son chien Argos, le porcher Eumée, sa vieille nourrice Euryclée, et Télémaque, son fils. Il a combattu tous les prétendants qui occupaient sa maison, et les a vaincus un à un. Le voici enfin arrivé au moment tant espéré : il va retrouver Pénélope. Seulement, Pénélope est incrédule : voilà vingt ans qu'Ulysse est parti… Depuis longtemps, on le croit mort. Comment se pourrait-il que ce soit lui qui revienne enfin ? L'épouse endeuillée a dû faire face à tant de ruses de la part de ses prétendants peu scrupuleux, qu'elle se demande si ce n'est pas un nouveau tour que l'un d'entre eux lui joue, en se faisant passer pour son époux. Alors, à la grande colère de Télémaque, Pénélope ne saute pas dans les bras du héros à son retour.

Ulysse, lui, comprend sa femme. Il est bien naturel qu'il lui faille un peu de temps pour réaliser ce qui vient d'arriver ; et, il n'en doute pas, elle saura que c'est bien lui qui est revenu au logis. Même après vingt ans d'absence, on ne peut confondre son époux avec aucun autre homme… En effet, « nous nous reconnaîtrons, et, sans peine, l'un l'autre, promet Pénélope encore troublée ; car il est entre nous de ces marques secrètes, qu'ignorent tous les autres ».

Mais quand Ulysse, baigné, soigné, veut aller prendre du repos, le sol semble se dérober sous lui : nous sommes à la fin de l'*Iliade* et de l'*Odyssée*, et, en vingt ans de combats et d'épreuves, pas une seule fois le héros n'a perdu son calme ; pas une seule fois « Ulysse aux mille ruses » n'est apparu déboussolé, perdu, privé de ressources. Il faut attendre cette dernière page du chant XXIII pour le voir vaciller, et presque s'effondrer ; et ce qui le met soudain hors de lui, c'est que Pénélope lui fait croire, au moment où il veut se coucher, que son lit a changé de place.

> Femme, as-tu bien dit ce mot qui me torture ?… Qui donc a déplacé mon lit ? Le plus habile n'aurait pas réussi sans le secours d'un dieu… La façon de ce lit, c'était mon grand secret ! C'est moi seul, qui l'avais fabriqué sans un aide. Au milieu de l'enceinte, un rejet d'olivier éployait son feuillage… Je construisis, autour, en blocs appareillés, les murs de notre chambre. (…) À ce premier montant, j'appuyai tout le lit dont j'achevai le cadre ; quand je l'eus incrusté d'or, d'argent et d'ivoire, j'y tendis des courroies d'un cuir rouge éclatant…

> Voilà notre secret !... La preuve te suffit ?... Je voudrais donc savoir, femme, si notre lit est toujours en sa place ou si, pour le tirer ailleurs, on a coupé le tronc de l'olivier.

« Qui donc a déplacé mon lit ? » Secret partagé seulement de son épouse, Ulysse avait construit sa maison autour de sa chambre, sa chambre autour de son lit, et ce lit autour de cet olivier séculaire. La force de cette unique colère dit l'ampleur de son désarroi : depuis vingt ans, cet olivier séculaire constituait sans doute le centre du monde, le point fixe vers où l'exilé dépourvu de tout appui portait sa pensée et tendait toute son énergie. Et au moment d'atteindre enfin ce lit enraciné sur le sol natal, lieu du repos tant attendu, fête des retrouvailles conjugales, voilà qu'il s'évanouit lui aussi... S'il n'est pas de point fixe, tout se dérobe sous nos pieds ; si tout peut être déplacé, nous voilà condamnés, comme Ulysse, à un désespoir absolu.

Mais ce que notre héros ne sait pas, c'est que sa femme vient en fait de le reconnaître. Pendant vingt ans, « Ulysse aux mille ruses » a été le plus malin, et son habileté, célèbre dans toute la Grèce, l'a fait triompher de tous ses adversaires. Mais à la fin de son odyssée, alors que tout semble fini, Ulysse vient d'être joué par plus rusé encore que lui : sa femme. À la colère de son époux, elle a reconnu le seul qui partageait avec elle le secret du lit conjugal ; et enfin,

> pleurant et s'élançant vers lui et lui jetant les bras autour du cou, elle dit : « Ulysse, excuse-moi !... toujours je t'ai connu le

plus sage des hommes ! Nous comblant de chagrins, les dieux n'ont pas voulu nous laisser l'un à l'autre à jouir du bel âge et parvenir ensemble au seuil de la vieillesse... Aujourd'hui, pardonne et sois sans amertume si, du premier abord, je ne t'ai pas fêté... Mais tu m'as convaincue ! La preuve est sans réplique ! Tel est bien notre lit ! » (...)

Mais Ulysse, à ces mots, pris d'un plus vif besoin de sangloter, pleurait. Il tenait dans ses bras la femme de son cœur, sa fidèle compagne !

Elle est douce, la terre, aux vœux des naufragés, dont Poséidon en mer, sous l'assaut de la vague et du vent, a brisé le solide navire : ils sont là, quelques-uns qui, nageant vers la terre, émergent de l'écume ; tout leur corps est plaqué de salure marine ; bonheur ! ils prennent pied ! ils ont fui le désastre !... La vue de son époux lui semblait aussi douce : ses bras blancs ne pouvaient s'arracher à ce cou...

Comme des naufragés qui retrouvent enfin la terre ferme, Pénélope et Ulysse sont arrivés au terme de leur quête. Elle n'a pas eu besoin, pour vivre une odyssée, de sillonner les mers ; comme lui, elle a orienté tout son espoir, et tout son effort, vers cet aboutissement qu'elle pensait impossible. Toutes les probabilités jouaient contre cet achèvement ; mais la vie n'est pas un calcul. Il suffit de ce moment de reconnaissance pour passer du désespoir d'Ulysse apprenant que rien n'est stable, à ce bonheur de naufragés reprenant pied sur la terre ferme, le bonheur des deux époux enfin enlacés.

Il nous faut retrouver notre Ithaque.

TABLE

Composition et mise en pages
Nord Compo à Villeneuve-d'Ascq

Cet ouvrage a été imprimé par
CPI BRODARD ET TAUPIN
pour le compte des Éditions Grasset
en septembre 2018

Grasset s'engage pour l'environnement en réduisant l'empreinte carbone de ses livres. Celle de cet exemplaire est de :
350 g Éq. CO_2
Rendez-vous sur www.grasset-durable.fr

N° d'édition : 20601 – N° d'impression : 3030380
Dépôt légal : août 2018
Imprimé en France